悩みをアジに変える
オヤジの着こなしルール

Pt.アルフレッド店長
本江《ほんごう》 浩二《こうじ》

世界文化社

はじめまして、
ホンゴウコウジです。

身長173cm、体重3桁の手前(自称)、胴まわりのサイズは3桁を超えてる、典型的な昭和オヤジ体型の「街の洋服屋」です。

上京した1970年代、夜行列車で9時間かかった富山県高岡市の出身。2度目の東京オリンピックの年に還暦を迎える、57歳です。

高校時代、地元の洋服屋でアルバイトを始め、40年以上現場に立ち続けてきました。その積み重ねてきた経験から、情報の多すぎる今、特に同世代のオジさん達が洋服選びや自分のスタイルに悩みがちだと感じています。

巷にはコレ着とけば大丈夫とか、流行遅れは捨てろだの教科書的な雑誌や本が氾濫しています。それはそれで否定はしませんが、年を重ねて着るものなんて何でもいいやになりかけてる「迷えるオヤジ達」にとって本当に必要なアドバイスにはなっていないのではないでしょうか。

いろいろな世代の洋服に関する多種多様な悩みを、長い間現場で直接聞き、街の洋服屋として寄り添い、相手の懐に一歩踏み込んで悩みをアジに変えてきたノウハウをぜひ皆さんとシェアできればと思い、1冊の本にまとめてみたいと考えました。

どんな体型、年代の人でも着てみたい洋服はあるはずです。悩むのは周りの人の意見を気にしているからです。「似合う、似合わない」ではなく、自分が気に入った洋服を「着てみたいのか、諦めるのか」、そこが大事かもしれません。そして、それを着るために体型に合わせて正しいサイズ選びをしたり、パンツなら穿く位置を変えてみるなど、少し工夫するだけでオヤジなりに着こなす方法、若者達から憧れられる存在になる手段は必ずあるのです。

とにかく、ボク達オジさんはファッショナブルになる必要はありません。酸いも甘いも噛み分けて人生経験を積み重ね、いろんな洋服を着てきたのですから、その貴重な経験をアジに変えたユルめのオジさんになりましょう！

そのためには、年齢と共に変化してきた自身の体型と真正面から向きあい、仕事や生活環境をキチンと認識した上で、心を許せる人に自分がどう見えているか尋ねてみてください。

この本が、「何を着たらいいか分からない」「服は奥さんまかせ」「自分のスタイルはこれでいいのだ！」……、そんなオジさん達のよき相談相手になれればと思っています。

オヤジになった今の自分を素直に見つめ直し、アジのあるオヤジへと変わるきっかけになれば幸いです。

街の洋服屋　Ｐｔ．アルフレッド店長

本江 浩二

CONTENTS

CONTENTS

※本書に掲載されている情報や商品等の価格は、原則として本体価格であり、2018年3月31日現在のものです。

憧れの東京へ

最初に少し、ボクの話をさせてください。

父は、朝早くから家の隣にあった青果市場で働く人でした。ボクは小さいときから広い市場が遊び場で、毎日さまざまな果物、野菜が入荷し仲買人の手を経て、お店に流通していくのを直接目で見て、肌で感じながら育ちました。ときには生産地について行き（というか、連れて行かれたのですが）青果物がどのように作られて、どれだけの人の手が掛けられ、一般の家庭に届くのかという過程を教わりました。

休みの日に家族で出かけても、父はまずその土地のスーパーマーケット等の青果売り場を覗いて、土地の情報、新しい果物情報を収集していました。普段の日は、夕方家に帰ってくると黒いノートにいつもチマチマ何かを書いていました。ボクは父が生業にしていた仲買の対象が青果から洋服になっただけで、生地屋さん、縫製工場

プロローグ

PROLOGUE

ボクは街の洋服屋です。

さん、運送屋さん……、扱っているものは違っていても、やっている仕事は同じなのかも、と最近あらためて感じています。昔から出張先とか旅行先では、洋服屋さんや繁華街ばかり回って、名所旧跡の記憶はほとんどありません。

子どもの頃、テレビで始まったばかりの仮面ライダーシリーズのおやっさんの普段着。ウルトラマンシリーズのゾフィーの立ち位置。『サンダーバード』は、特に4号が好きで、あるお正月、4号のプラモデルをサイズ違いで4、5台買ってお年玉を使い切って帰ったら、すごく怒られたなんて苦い想い出もあります。とにかく目線がストーリーより細かいディテールに向く子どもでした。

漫画は、『少年マガジン』の『巨人の星』は一応チェックしていましたが、『少年キング』に連載されていた『赤き血のイレブン』のほうが好きでした。それで中・高とサッカー部に所属して、今でも浦和レッズが贔屓《ひいき》のチーム。テレビのチャンネルが極端に少なかった地方の小僧にとって最新の情報源はほぼ雑誌でした。学校から

profile

本江浩二　Hongo Koji

東京・恵比寿で「Pt.アルフレッド」という洋服屋を経営する57歳。40年以上洋服の世界に携わり、日本の男性ファッションの移り変わりを見てきました。オヤジ世代の洋服について語らせたら止まりません。

帰ると本屋へと走り、弟が探しにくるまでず〜っと本屋で立ち読み。サッカーにのめり込んでいるときは『サッカーマガジン』と『イレブン』。フォークギターを買ってからは『ヤング・ギター』。そしていよいよ1975年には伝説の『Made in U.S.A.』が発売に。'76年の『POPEYE』はボロボロになるまで読み込みました。

高校時代は、雑誌とバイトがすべて。洋服屋になろうと決めて、押しかけでバイトを始めたのが高岡の5坪の店。その店の仕入れ先の老舗ジーンズショップに入社を決め、高校の卒業式の翌日、寝台急行で上京。当時はまだ〝国鉄〟の池袋駅から徒歩20分、古い4畳半に実家から送った布団袋一つから東京生活がスタートしました。

サラリーマン時代

'70年代の終わりに上京して、まず老舗ジーンズショップの青山一丁目の本店での販売を手始めに、渋谷と池袋の大手百貨店でまだ認

20代の頃

富山から上京し、ジーンズショップで働き始めた頃、表参道で撮った写真です。見るものすべてが新鮮で、日本も経済成長真っ只中でした。

知度の低かった世界的ジーンズブランドの販売を担当しました。漫才ブームの頃には「ザ・ぼんち」のおさむちゃんに衣装を提供していたアイビーブランドに転職。その会社が大々的に行ったバードウォッチングキャンペーンのアシスタントに抜擢されて、大手電機メーカーにリースに回ったり、今ではアウトドア界の大御所の、モデルデビューしたばかりの木村東吉さんと北海道ロケへ行き、スタイリストアシスタントの初体験をしたりしました。

その後は、アイビーの1型からブリティッシュ2型、新しい3型と呼ばれるものまで扱うアパレルメーカーに移り、全国のメンズショップを回りました。サラリーマン時代の最後は、英国のデザイナーズブランドの生産管理担当として生地屋さん、縫製工場さん等との仕事をしました。作る人と売る人、売る人と買う人、全く反対の立場ですが、最終的には商品に問題がないか、デザイナーの意思はどこまで反映できているか等を管理することを学びました。

サラリーマンを10年経験し、28歳となった'88年に独立。セレクト

紺ブレは永世定番

若い頃から欠かせないのが紺のジャケットです。アイビー時代ではタイドアップしたり、Tシャツ＆デニムで着崩したりと、いつも役立つ最強のアイテムです。

ショップの別注企画をはじめ、オリジナルのチノパンツブランド等、細々とした卸売りがアパレルとしてのスタートでした。最初に事務所を設けたのは両国。隅田川のすぐそばに事務所を借りました。ここ数年では、古い建物がリノベーションされ、若い人達からイースト東京エリアとして注目されている地域ですが、当時は相撲部屋と町工場だらけの下町。ですが、もの作りのレスポンスを考えると非常に便利な地域でした。その後、渋谷、原宿に出てくる時間が増えてきて、恵比寿に事務所を移したのが'92年でした。

元々販売畑出身の人間として、作る側の想いだけではなく、ひとりひとりのお客さんの体型や生活環境などのニーズをもの作りに反映させせないといけないのではと考えるようになりました。それはこの頃読んだ本の「料理は料理人のために作るのではなく、食べる人のために」というフレーズに感銘を受けたことがきっかけでした。「洋服は洋服屋のために作るのではなく、着る人のために」ということではないかと思ったのです。

海外買い付け

会社員の頃は海外に買い付けにも出かけました。本場で見るアイテムには感動することばかり。世界中の本物を集めたショップを開きたいと思うように。

例えば、ビジネスシーンでサラリーマンが毎日着るものこそキチンとサイズが合っているべきだ、内勤の座る時間の長い人と外回りでスッキリ見せたい人が同じ洋服でいいはずがない、と気づいたのです。そこで'93年に近所の画廊を借り、「カスタムスーツ」フェアを開催。指導に来てくれた職人には「ひとりひとりに時間を掛けすぎで効率が悪い」と言われましたが、キチンと話を聞いて作ることは「すべてはお客さんのために」だと最優先しました。今でも年に2回は、カスタムスーツキャンペーンを開催していますが、来店時間を予約していただきタップリと時間を掛けています。こうしたお客さんの生の声に接し、洋服を直接販売する環境（店）が必要と考え、事務所のそばで見つけた10坪の物件でショップ「Pt.アルフレッド」を'94年11月にオープンしました。

街の洋服屋として

結婚

結婚してはや34年。カミさんは今、ウチの店で私をサポートしてくれています。夫婦ふたりで営む小さな洋服屋は、よく働くカミさんのおかげで続けられてます。

オリジナルブランドの名前で店名にもなる「Pt.アルフレッド」は、その昔、横浜の関内にあったライフスタイルショップのはしりだった伝説の店「クレイトン」のバイヤー、故・林隆夫さんの提案でした。国土のほとんどが英語圏のカナダの中で唯一フランス語が公用語で、独立心も旺盛なケベック州の小さな港町の名前です。いろんなものを組み合わせて応用し、工夫し、自分らしくすることを店の基本としました。会社名「ジャックロビー」はジョン・F・ケネディを暗殺したといわれるオズワルドを移送中に殺した〝太った居酒屋の親父〟「ジャックルビー」をもじった名前。1つのことにこだわらず、物事はいろんな見方をしたほうが面白いってことからです。恵比寿は、一時期裏原宿から移転してきた若者達のショップが増え、「エビス系」なんていわれた時期もありましたが、今では落ち着きを取り戻し、静かな交差点に店はあります。

最初の頃は、平日15時に開店、まだ作るほうをメインで考えたバランスで営業していました。洋服を買うときは原宿をスタートし

Pt.アルフレッド

私の店Pt.アルフレッドは'94年に恵比寿にオープン。当時、恵比寿はまだ静かでファッションショップもまばら。だからこそ服好きが集まってきました。

て渋谷でお茶、代官山を経由して最後は恵比寿あたりを歩き回って、地元の洋服屋にはないものを買って帰る。定番アメカジものはアメ横に行けば少し安いから遠征もする、そんな時代でした。ウチの店も少しずつ馴染みのお客さんが増えて、オリジナルのチノパン以外に扱う商品も増えていきました。レッド・ウィングブームの頃は、消費税アップの影響も重なり、カミさんがスーツの採寸をしてる横で、ボクはレッド・ウィングのフィッティングをしているなんてことも。

店のコンセプトは、装飾的衣料より実用的衣料。いろんな種類のチノパンツを中心とした長く使える道具のような洋服を提案してきました。大学生で初めて来店してチノパンを買って常連になり、就職してからのスーツ、靴や鞄を購入。結婚式のスーツやオフのときの洋服、子どもも生まれ成長し、今度高校生になるからそろそろウチのパンツを穿かせたい。昔作った冠婚葬祭用の礼服が着られなくなったので新たに採寸して新調。でも若い頃のデータもあるからそれと比べて「あ〜ここが太ったか」なんて懐しむ……、そんな普通

チノパン

ウチの店の屋台骨がこのチノパンです。メンズのカジュアルアイテムの定番ですが、サイズ選びや素材、着こなしで見え方も大きく変わります。

の人の普通の人生に寄り添った「街の洋服屋」がテーマなのです。ウチの店へ来ておすすめのチノパンくださいってお客さんには、いつどこで、何をするためなのか、根掘り葉掘り聞き出して、そのお客さんが長く付き合える最善のパンツを選ぶ、それが「街の洋服屋」だと思っています。

あるとき、馴染みのお客さんの紹介で老舗週刊誌からの取材がありました。お客さんの年代層が幅広くなり、上の世代の方の好む洋服は、ラクだったり軽かったり、着やすいだけで、見た目はよくないよね～等と話していたら、『週末は洋服屋へ行こう』という新聞のコラムを書かせてもらうことになりました。翌年には第2弾『オジさん洋服屋へ行く』という具体例を中心としたコラムも共同通信の配信で全国の地方紙に掲載していただきました。その後、馴染みのNHK職員のお客さんから、『団塊スタイル』という番組でアナウンサーの国井雅比古さんの衣装を担当してほしい、との依頼を受け、専属スタイリストを5年間担当。毎回テーマがあって、その場

オヤジ街道へ

若い頃はあんなに痩せてたのに、年々体重が増えてきて、お腹まわりもプックリ。体型が変化するのに合わせ、着る服も変えていかなければならないことを実感。

面の当事者の適切な装いは何だろうと、考えに考えました。一度だけですが番組に出演も。

新聞のコラム執筆以降、切り抜きとサイズのメモを持って、代理で買いに来る方が増えましたが、ぜひ本人と一緒に店に来てください。洋服のサイズ表示はあくまでも目安であって、どんな体型の人でも合うワケではありません。メールとか電話で問い合わせるだけで購入する方、まずは洋服屋を訪れましょう。試着して買うのと画面で見繕って買うのじゃ、全然違います。洋服には作った人の想いもこもっています。それが買った人の想いと重なり、その洋服に愛着が湧いて大事にするはずです。着るものだけではありませんが、社会環境、生活環境の変化、自分自身の年齢による変化も含めて、数値だけで判断できることではないのです。人間の体型は十人十色、歳とともに変化もするし、みんな違っています。

洋服のお悩みや疑問の声にお応えする普段のやりとりをまとめたこの本が、皆さんのよき相談相手になれば嬉しいです。

そして今

還暦も視野に入る歳になり、今まで以上に着る服によって周りに与えるイメージが変わることを意識してます。オヤジらしいアジ出しを皆さんにお伝えしたいと考えています。

オヤジの
服選び、
まずはここから

オヤジの見た目が劇的に変わるたった5つの法則

意識改革で見た目は変わる

昔から「見た目より中身を磨け」とか言われ続けていたご同輩も、そんなことを言う立場の歳になり、少しは服装に気を遣わないと若い人達に示しがつかない年齢になりました。

最近お客さんが、「会社の若い奴がソレはどこの洋服ですか？とか、その靴素敵ですね！とか、持ちものをチェックしてくるので鬱陶しい」ってちょっと嬉しそうに話をしてくれました。だって自分の服装に若い子が興味を持ってくれたわけですから。

ただ最近まで、洋服に無関心だったオジさんは大変です。買い物に出かけたはいいけれど、若い頃通っていた店は随分とサマ変わりして、店員さんも若手ばかり。気後れして帰宅して、ネットで買おうと見始めても、自分のサイズに自信がなくて、若いときのサイズでポチッてしまい、届いたら合わない……。そんな苦い経験の末、服なんてもう適当でいいやっていう、悪循環に陥ってしまうことも。

オヤジの服装の5つの法則を覚えましょう

何を着たらいいか分からない……、そんな悩めるオヤジは、まずこれから挙げる5つの法則を実践してみてください。これは男性ファッション誌とかでよくある、流行とかコーディネートとかの話ではなく、オヤジがちょっと素敵に見えるためのコツです。

1つめは「自分のサイズを再認識する」。学生時代の体型のままなんて方は滅多にいません。若い頃のサイズの服を無理してそのまま着ると、不格好なことになります。あらためて自分の身体のサイズを再認識することからスタートです。

2つめは「意固地なこだわりは一度リセットする」。年齢を重ねるとその経験値から、自分はこうであるという思い込みが強くなってしまいます。でも、若い頃とは肌の色も変わり、似合う色だって変わってくるものなのです。

まずは5つの
法則を覚えて
ウォーミング
アップ！

3つめは「加齢を上手く味方につける」。歳をとるのは、人間誰しも平等です。いつまでも若々しくいたい気持ちも分かりますが、若い子と同じような服装は、オヤジには向きません。歳をとったからこそ似合うものって結構あるもんなんです。

4つめは「若い頃のファッションを復習してみる」。若い頃は服装に興味を持っていたのにいつの間にかどうでもよくなってしまった……、そんな人は昔の自分の写真を見てください。昔よく着たアイテムを今あらためて取り入れるのもアジになります。

5つめは「洋服の相談ができる相手を見つける」。オヤジになっても、自分のことは客観視できないものです。世間話をしながらいろいろアドバイスをくれる、そんなよき相談相手がいると服装に磨きがかかるはずです。

次ページからそれぞれの法則を解説していきましょう。

法則
1

自分のサイズを再認識する

知らぬ間に体型はサマ変わりしているものです

身長に関しては、そんなに激変はないと思いますが、体重は服選びの目安としてとても大事なものです。

特に問題は、ウエストサイズ。健康診断で測る腹囲と自分が普段ズボンを穿く位置は違います。首まわりに関しては、ネクタイを締めて使うシャツは実寸＋1cmが目安。カジュアルシャツに関しては実寸で大丈夫ですが、若い頃のサイズと違う場合がほとんどだと思います。足のサイズの項目も設けましたが、あくまで目安。靴はメーカーによって基準が違うので、店での試し履きは必須です！

今の身体のサイズを書き込みましょう

まずは、今の自分の体型をあらためて見直すために、このサイズ表に記入しましょう。実はこれ、このルールブックの最初にして最大の山場ともいえるページです。用意するのは鉛筆とメジャーと新たな決意！　キチンとご自分のサイズを認識していただくために、この表を作りました。家族など身近な方に測ってもらってください。

＿＿＿＿ 年 ＿＿＿ 月 ＿＿＿ 日

❶【身長】 ＿＿＿＿ cm

❷【体重】 ＿＿＿＿ kg

❸【胸囲】 ＿＿＿＿ cm

❹【ウエスト】 ＿＿＿＿ cm

❺【首まわり】 ＿＿＿＿ cm

❻【足】 ＿＿＿＿ cm

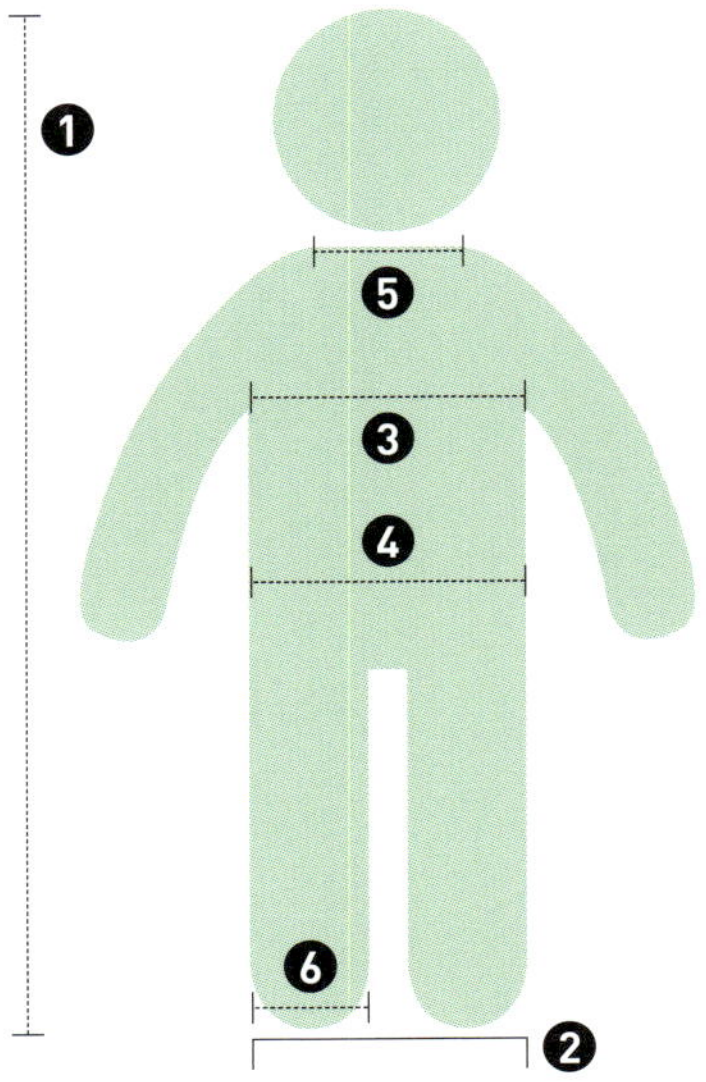

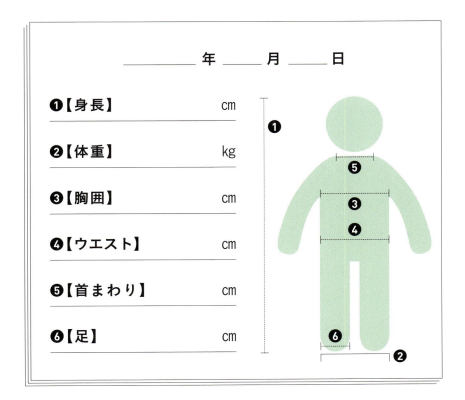

法則 2

意固地なこだわりは一度リセットする

自分らしさと思い込みは紙一重！

大げさに言うと100人いれば100通りのこだわりがあります。例えば、ズボンに関して考えると、足が太いから太めのズボンでごまかしたいとか、足が短いから長めで仕上げたいとか……。はたまた、お腹が出てきたからストレッチの効いたもののほうが穿きやすいとか、腰で穿かないでウエストまでキッチリ上げて穿かなければダメだとか。薄色パンツは太って見える気がするから、濃色ばかり穿くとか。濃色だと汚れが目立たなくて、洗濯の回数が減らせてお得でしょ……。実は、コレらはこ

意固地な
思い込みは
お洒落の幅を
狭くします

だわりっていうよりも単なる感覚的な思い込みです。

さらにサイズ的な思い込みを加えるとホント沢山あります。

長年、沢山の洋服を着てきたという お洒落の経験の積み重ねからのこだわりならばまだいいのですが、そうでない方が自分はこうであるはずだと思い込んでいるのは、芯が通っているのではなく、単に意固地なだけかもしれませんよ。

法則1で自分のサイズをあらためて測り直して、昔の自分と違うことを認識したら、今度は着るものに対する意固地な考え方の修正をおすすめします。

足が太くても短くても、その個性を貴方のアジに変えてしまえばよいのです。例えば自分に似合う色もオヤジになって肌の色が変わり、赤がしっくりくるなんてこともあります。若い頃からずーっと持ち続けているこだわりを思いきって捨てて、オヤジならではのアジのある服装を極めましょう。

法則
3

加齢を上手く味方につける

オヤジだからこそ似合うものがあります

「歳を重ねるということは、人としての厚みが出ることです」、ボクの好きな言葉の1つです。

若い頃から、ショーケン（萩原健一さん）が大好きで、口で牛乳瓶の蓋を開けて飲んでた『傷だらけの天使』、料亭の板前役だった『前略おふくろ様』、それに『祭ばやしが聞こえる』……。ものすごく影響を受けた世代です。でも若い頃憧れたショーケンよりも、いろいろなことを経験した今のシブい姿は、もっとカッコいいと思います。

加齢は味方につけて、利用してしまうのがオヤジのアジ出しには効果的です。

例えば、オヤジになると必要になる老眼鏡(リーディンググラス)。ジジくさくてカッコ悪いと思っているかもしれませんが、若者のメガネに比べると、掛けたり外したり掛け替えたりと、いろいろとアクションが多くて、なんだかいい絵になります。

また、沢山のお客さんで実証済みですが、年齢と共に筋肉が落ちて、特に下半身、お尻とか腿が細くなった結果、お腹は出たままでも今まで穿けなかったスッキリ系のパンツが穿ける場合もあります。これもある意味「加齢を味方につけた」ってこと。

ある新聞広告に「正直に言えば、若いときは何でも似合うのです。40代、50代、60代と歳を重ねたら、貴方らしさを引き出すことが重要になります」と書かれていて朝から膝を打ちました！　この年齢だからできること、サマになることって沢山あるはずなのです。

若い頃から着てきた洋服を加齢と共に取捨選択し、オヤジになったからこそできる服装を諦めないで探しましょう。

法則
4

若い頃のファッションを復習してみる

青春時代の服装を上手く取り入れる

1970年代から’80年代にかけて若者だった今のオジさん達は、いろんな国のいろいろなカルチャーが怒濤のように押し寄せてきた時代に青春を謳歌した世代。

もちろんボクもそのひとりで、映画『大脱走』を何度も見てチノパンにはまり、雑誌を読み漁り、街の洋服屋になった次第です。『ビッグ・ウェンズデー』でサーフィン。当時始まったばかりの『インディ・ジョーンズ』シリーズで革ジャンとブーツ。2020年東京オリンピックから正式種目になるスケートボードとサーフィンは、'70年代の西海岸ブームでアメカジのファッションシーンから入って根付いてきたものです。

当時はあんなにファッションが気になったのに、長年の背広生活からカジュアルな装いに無頓着になってしまい、休日に何を着たらいいか分からないオヤジが増えてしまったように思います。

今、我々の世代は新しい洋服をアレコレ悩むのではなく、昔、着ていた懐かしアイテムをオヤジらしく上手く取り入れてみるのも正解です。今風にスッキリしたサイズで作り続けているブランドもありますし、グルッと何周かして昔のサイズで作っているブランドもあります。ただし、当時と同じ格好で若作りをってことではありません。あの頃の新しいことにワクワクした気持ちを思い出して、洋服屋さんに出かけてみましょう！

昔の雑誌や
写真を見るのも
参考に
なります！

法則
5

洋服の相談ができる相手を見つける

オヤジはネットではなくお店で買いましょう

最近は、洋服もネットで買う時代。テレビとか雑誌を見て、あっこの人カッコいいかも、と思ったらその場で検索。どこのブランドで、ココで買えますって教えてくれて、おすすめのコーディネートはコレですって一方的に出てくる情報を見て、ポチッと購入。

でも、数値は合っていても本当に自分の体型に合っているか、似合うかは教えてもらえません。自分が好きで着ている服は、いいのか悪いのか？　年齢を重ねるとなかなか人の意見は耳に入らない（聞かない）ものです。だからこそ自分から「コレどうかな?」って身近な人に相談することが大事なのです。

長く店をやってると馴染みのお客さんも年齢を重ねて、仕事や環境が変わったり、サイズが変わったりするのを目の当たりにしています。雑談の中から一番いい落としどころをアドバイスする、お客さんの人生に寄り添ってそのときの一番いい服装を提案して、華を添える仕事が「街の洋服屋」だと思っています。

昔は、全国にあったそんな店が時代と共に消えていき、相談できるスタッフが見つけにくくなってきました。でも大手セレクトショップでも、経験豊富な年代の販売員の方は少なからずいらっしゃいます。そんな方を相談相手にしたり、若い頃通っていた店を久しぶりに覗いてみるのもいいと思います。

さらに一番の相談相手は家族。奥さまやお子さんがいるなら服装に関する意見を積極的にもらいましょう。それを素直に受け止め、実践すればきっと家庭円満にも繋がるはずです。

よき相談相手が
アジ出しに
繋がります

今の自分を素直に見つめ直しましょう
オヤジのファッション感度チェック項目

己を知ることが、アジ出しオヤジへの第一歩

若い頃はお洒落に気を配っていたのに、仕事や日常生活の忙しさにかまけて、いつの間にか自分の服装は二の次になってませんか？

そこであらためて、今の自分がどんな状態でいるかを把握しましょう。次ページからのチェック項目に素直に答えてください。今の自分の何が悪いといった頑固さを一旦捨て、〝彼を知り己を知れば百戦殆《あや》うからず〟の精神で参りましょう！

YES か NOに丸をつけてください。

1 洋服は自分で買いに行く (YES NO)
2 好きな洋服屋がある (YES NO)
3 紺のジャケットを持っている (YES NO)
4 家に全身が映る鏡がある (YES NO)
5 靴は自分で磨く (YES NO)
6 男性ファッション誌をたまには読む (YES NO)
7 ベルトは３本以上持っている (YES NO)
8 下着は自分で買う (YES NO)
9 毎日、同じ靴は履かない (YES NO)
10 白と黒以外のソックスを持っている (YES NO)
11 ハンカチはかならず持ち歩く (YES NO)
12 自分のジーンズのサイズを知っている (YES NO)
13 毎日、体重計に乗っている (YES NO)
14 スーツはネイビー、グレーを各２着以上持っている (YES NO)
15 スリーピースのスーツを持っている (YES NO)
16 夏用の巻物を持っている (YES NO)
17 ズボンは種類によって穿く位置を変えている (YES NO)
18 帽子は用途に合わせて３つ以上持っている (YES NO)
19 お気に入りの洋服は直して着ている (YES NO)

20　ネクタイはシャツに合わせて結び方を変えている（YES　NO）
21　ボタンダウンのシャツを持っている（YES　NO）
22　ポケットチーフはシルクとリネン両方を持っている（YES　NO）
23　セレクトショップの名前を３つ以上言える（YES　NO）
24　愛用のペンがある（YES　NO）
25　機械式時計を持っている（YES　NO）
26　行きつけのバーがある（YES　NO）
27　髪は毎月カットする（YES　NO）
28　財布はオンとオフで使い分けている（YES　NO）
29　メガネはオンとオフで使い分けている（YES　NO）
30　靴を履くときはかならず靴べらを使う（YES　NO）
31　夏用と冬用のパンツを穿き分けている（YES　NO）
32　Tシャツ１枚で外出しない（YES　NO）
33　オーダーでスーツを作ったことがある（YES　NO）
34　休日用のバッグを３つ以上持っている（YES　NO）
35　休日用の靴を３足以上持っている（YES　NO）
36　月に一度は洋服屋をチェックする（YES　NO）
37　冠婚葬祭用のストレートチップの靴を持っている（YES　NO）
38　自分用のハンドクリームを持っている（YES　NO）
39　洋服用スチーマーを持っている（YES　NO）
40　好きな服は自分で洗う（YES　NO）

オヤジのファッション感度判定！

それではYESにつけた丸を数えてください。
その数によって貴方の今の状況が分かります。
ぜひご参考に！

YESが５個未満

無精なオヤジです。我が道を行くのもいいですが、周りから自分がどのように見られているか、気を配るのも大人の作法です。ぜひこの本を読んで精進してください。

YESが５～14個

大衆居酒屋系オヤジです。たまにはお洒落をして、星付きのレストランやリゾート地にも繰り出したいじゃありませんか。自分の姿にもう少し敏感になったほうがいいですよ。

YESが15～24個

普通の中年オヤジです。昭和のサラリーマンの見本のような方と推察します。しかし時代はグローバル。もうちょっとお洒落に気を配ってアジのあるオヤジを目指しましょう。

YESが25～34個

しっかりバランスのとれた安心感のあるオヤジです。仕事もプライベートもきっと充実していることでしょう。今の状況に満足せず、さらに素敵なオヤジへと精進してください。

YESが35個以上

お見事なお洒落オヤジです。ただやりすぎると気障になりますので、流行だけに左右されず、オリジナリティのあるジェントルマン的スタイルを心がけてください。

激変
オヤジ
SAMPLE集

こんなに変わってビックリ！
アジ出しオヤジ〝ビフォー・アフター〟

私の店の常連さん達も元々は普通のオヤジ。ちょっとお洒落に興味を持つことで悩みをアジに変えた実例をご紹介します。

BEFORE

国井雅比古さん

フリーアナウンサー 69歳

1949年山梨県生まれ。東京大学文学部卒。元NHKエグゼクティブアナウンサー。『プロジェクトX』や『小さな旅』等を担当。現在は都留文科大学特任教授、NPO法人日本トレッキング協会会長も務めています。

国井さんとの出会い

店のお客さんからの、今度団塊世代向けのテレビ番組を作るけどスタイリスト頼める？という依頼から初めてお会いした国井さん。収録が始まる前の衣装合わせでは別に何でもいいんじゃないといった風でしたが、あれから5年、いろんなテーマごとにボクが用意する衣装を楽しく着てくださり、すっかり服好きに。趣味のシャンソンでのお披露目会の衣装も過去2回担当させていただきました。

NHK『団塊スタイル』での国井さんのファッション

2012年4月から2017年3月まで、NHK Eテレで毎週金曜日20時から放映されていた『団塊スタイル』。司会のお相手は女優の風吹ジュンさん。毎回替わるテーマやゲストの衣装を想定して、国井さんのスタイリングを考えていました。この番組がオヤジの服装についてさらに考えるきっかけになりました。

AFTER

国井さんの春夏スタイル

オヤジの服装はＴＰＰＯがキーワードです

「あの人、あのとき、あれ着てたよね〜」って記憶に残るコーディネートは、本当のお洒落じゃないって先輩に言われたことがあります。

５年間担当した、国井さんのスタイリングでは、毎回のテーマに沿ってゲストの邪魔をしない、しかも変な印象を残さないコーディネートを目標にしました。

国井さんの春夏コーディネート

半袖のシャツに半袖Tシャツの重ね着。旅行好きには特におすすめです。初日はシャツが下でTシャツを上にする写真のコーデで、次の日はTシャツが下でシャツを上に着る。３日目はシャツ１枚とか。汗や汚れ具合で工夫すれば２枚で３日は大丈夫。旅行のパンツはカーゴパンツがポケットが多いし、丈夫なので便利です。

AFTER

国井さんの秋冬スタイル

例えば女性のメイクをテーマにした回では、「奥さまの買い物に付き添っているいいダンナ」がイメージ。動きやすいほぼ普段着ですが、出かけた先で誰かと会っても恥ずかしくない程度の控えめなお洒落感。
昔、石津謙介さんがTPOを広めるのに尽力されましたが、最近はそれにもう1つのPを足して、TPPO／Time＝時、Place＝場所、Person＝誰、Occasion＝場合に。この4つを踏まえると、周りからも一目置かれるオヤジになれると思います。

国井さんの秋冬コーディネート

最初お会いしたときは赤とかピンク系はありえないだろ的な感じでしたが、先日、店に来られたときは赤いタートルセーターある？って聞かれて驚きました。今回の重ね着コーデは、ダウンベストを追加して温度調節ができるようにしました。街歩きの場合、建物に入ると暑いし、外は冷えるしで、こんな感じがおすすめです。

オヤジの
お悩み
解決します

初級編

オヤジの服選び
正しいルール

はずせないアイテムと選び方を覚えましょう

　ボクは基本的に、洋服は装飾的衣料と実用的衣料に分類できると考えています。普段のオヤジの服装を考えるときに、ポイントになるのが実用的衣料。何歳になっても、これさえ着ておけばサマになる、そんなド定番アイテムがあるのです。

　オヤジ達がまだ若かった１９７０年代後半から'80年代の初め。ベトナム戦争が終わって国に戻ってきたアメリカの若者達が、軍の放出品のチノパンにブレザーを合わせ、洗いざらしのＢＤ《ボタンダウン》シャツを着ていました。その格好を基本とするプレッピーって文化をリアルに体験した世代です。この３つのアイテム、いわゆるオヤジの三種の神器をベースにして服装を考えていくと、しっくりきます。

　そこで、「チノパン」「ＢＤシャツ」「ネイビージャケット」の定番の３アイテムについて、オヤジ向けに知恵と工夫でルールを作りました。まずはベースを固めていきましょう。

RULE 1

アジ出しオヤジの三種の神器は「チノパン」「BD《ボタンダウン》シャツ」「ネイビージャケット」

一年中どんなシーンでも万能なアイテム

先にも書いたようにプレッピー文化で育ったオヤジ世代。チノパンは複雑な出自があり、18世紀インド発の生地が英国マンチェスターを経由して軍服になり、それをインド駐留部隊がカレーと桑の実、コーヒーで煮込んで目立たないカーキ色が誕生。その後、中国を経由してアメリカ軍が使用し広まりました。

BDシャツは、元来はスポーツするとき、衿がバタバタしないようにボタン留めしたデザインのシャツです。それだけに実用性の高さは抜群です。

ネイビージャケットも軍の正装だったり、金ボタンで階級を表したり、エンブレムで主張したチームジャケットだったり、八面六臂の活躍をしてくれる歴史あるアイテムです。

最近の傾向ですが、何年かぶりにゆとりのあるサイズが潮流になってきました。昔着ていたブレザーとか、いい感じに着込んだBDシャツとチノパンを引っ張り出して着るのも手です。キツいものは難しいですが、大きめのものは重ね着アイテムとして活用できるはずです。

チノパンは

オヤジの究極の実用的衣料

綿100%のしっかり系チノでシンプルに!

まずは生地に関して、穿きやすいといわれるストレッチ系素材のパンツはオヤジにはおすすめしません。穿いてる人は楽チンかもしれませんが、太めの人が細身を穿くと生地の性質上、お尻、膝が伸びすぎてしまい、見た目が悪くなる可能性があります。

オヤジが穿くチノパンの第1条件としては、長時間座っていてもシワになりにくい綿100%のしっかりとコシのある生地で、デザインも極力シンプルなもの。沢山のメーカー、ブランドがそれぞれいろいろな形を作っていますので、かならず試着して全体のシルエットを確認しながら、自分の理想のチノパンを探し出しましょう。

CHINO-PANTS

オヤジのチノパン

ボクが作る中で一番スッキリしたデザインのドレスチノパンは秋田の老舗工場製。裾上げはキレイに穿くならシングルかダブルに。カジュアルで穿くならステッチを効かせましょう。パンツ1万5000円／Pt.アルフレッド🅗

BDシャツは

万能のオヤジシャツ

細かなディテールで見栄えも変わります

元々は、ポロのプレーヤーが競技中に衿が跳ねないようにボタンで留めたのが始まりといわれる、ＢＤシャツ。

カジュアル用であれば、着丈は短めで少しルーズなモデルを選び、洗いざらしのままで裾をパンツに入れずに着用。ネクタイをする場合は、少し長めの着丈で身幅は細めを選び、キチンとプレスをして着るのがしっくりきます。衿先のボタン位置や、それで生まれる衿のすき間のロール（膨らみ）のバランス、第一ボタンを外したときの開き方など、細かい部分でも印象を左右するＢＤシャツ。ただし、カジュアルシーンでは万能ですが、冠婚葬祭では避けましょう。

BUTTON-DOWN SHIRT

オヤジのBDシャツ

代表的なオックスフォード生地のBDシャツ。裾を出したときのバランス、腕の太さや長さ、衿の大きさ、ロールのバランス等チェックポイントが多いので、試着して購入を。シャツ1万2800円／Pt.アルフレッドⒽ

ネイビージャケットは

何にでも品を加味する万能アイテム

オヤジ力をアップする永世定番品

おそらく、金ボタンの紺ブレからスタートしたオヤジのネイビージャケット歴ですが、ゴルフ、記念日の外食、旅行……、オジさんになってもイザっていうときに助けてくれるアイテムです。

これから新調する機会があるならお腹のボタンにこだわらずに、肩幅と着丈を気にして選んでみてください。カジュアルに着る場合は、肩が合っていて着丈が長すぎず、スッキリとしたシルエットになっているかがポイント。フロントボタンを留めずにインナーを見せて、ちょっとラフくらいのほうがサマになります。

NAVY JACKET

オヤジのネイビージャケット

春夏はサラッとした肌触りで涼しいサマーウール素材、秋冬は重量感があって暖かなウールフランネル素材がおすすめ。さらにコットンのカジュアル系ジャケットがあれば完璧。
ジャケット3万9000円／Pt.アルフレッド🅗

ベーシックだから自由自在

三種の神器はこんなに着まわせる

シンプル・イズ・ベストって言葉は、この3品のためにあると思います。ボクはネイビージャケットに関して、新品のときは「一軍」と呼んでいます。パリッとしたスタイルならネクタイは無地やレジメンタルはもちろん、プリントまで違和感なく使え、冠婚葬祭もほぼ可能。2、3年着てよれてきたら「二軍」としてハレの舞台から退いて、カジュアルジャケットとして働いてくれます。

オックスフォード地の白いＢＤシャツは、さらに神がかり的な

万能力。春は普通にジャケットやジャンパーに、夏は1枚で半ズボンに軽い羽織りものとして重宝します。秋冬はセーターと重ね着して白い衿がチラリと見えるだけで、清潔感が出ます。パーティシーズンも蝶タイやストールなどで、いい感じに。

そして、ボクにとって特に思い入れのあるチノパンです。こちらも何にでも合わせやすく、かつそれなりに見えるのがポイント。でも太さや長さ、素材でガラリと見え方が変わるので、奥の深いアイテムだと思います。たかがチノパン、されどチノパンなのです。

ボクが着ているフラノ素材のネイビージャケットは、５年程前のもので肩は合ってますが、袖は馴染んでほぼカーディガン状態。前のボタンを留めずにシャツの長さやパンツの太さ、靴のボリュームでバランスをとっています。

チノパン
の着まわし

シンプルさにひとひねり

シンプルさを追求していくと洗いたての白Tシャツにカーキのチノパンになります。映画『大脱走』でスティーブ・マックイーンがいつも穿いていたカーキのチノパンよりは太いですが、イメージはあんな感じです。首まわりは汗止めにバンダナをプラス。足元はローファーにカラフルなソックスを履くのがオヤジのアジ！

赤いセーターで顔色も華やかに

オヤジになったからこそ「赤」を上手に使いましょう。今まで着たことがなかった色かもしれませんが、カーキのチノパンにこんなにマッチするセーターの色は他にはないはず。そこにメインの白BDシャツをインしておけば、カレーのらっきょう？的な逆差し色になります。BDシャツなので、セーターから衿が出ず、スマートに見えます。

軍ものの出自を活かして

白Tにゆるチノの対極にあるのが、ドレスタイプの2プリーツチノパンです。空軍タイプのしっかりした革ジャンを着て、中は白のBDシャツっていうシンプルだけどゆったり＆堂々としたシルエットで、大人の余裕と雰囲気を感じさせます。このコーディネートで細いチノパンだと一気に路線が変わり、ハードな感じになるので注意を！

ネイビージャケットの着まわし

海辺で映える大人のリゾート着

春から夏にかけ出番の多いボーダー柄の通称バスクシャツをネイビージャケットの中に着ると、あっというまに「海の匂いが漂う」リゾート地の大人感を出せます。胸ポケットにチーフを足すとさらにイメージアップに。お約束のチノパンはあえてプレスを効かせてドレス感を出し、スッキリキレイに。マリンテイストの派手ソックスも効きます。

重ね着もサマになるスポーツジャケット

秋冬のネイビージャケットはスポーツジャケットと呼ばれた時代もあり、重ね着が楽しめます。白シャツにベスト、さらにジャケットの上に防寒用のダウンベストを着れば、かなりスポーティ。腕が動かしやすいのもポイントです。ボトムスを少し太めの２プリーツのチノパンにすれば、アンダーパンツもラクに穿け、防寒性もバッチリです。

BDシャツの着まわし

細かいテクでBDシャツを活かす

カジュアルの定番ボーダーシャツですが、白のBDシャツを羽織れば深みが増します。その際はシャツの衿のボタンをあえて外して、軽さを出すのがポイント。細かい演出ですが、少しだけ袖をまくってボーダーを強調しましょう。チノパンは洗い仕上げの太めを合わせて全体にカジュアル感を。ここでもローファーで締めるのがアジ出しオヤジです。

RULE 2

だらしないのは厳禁!
オヤジこそ正しいサイズ選びを!

楽チンサイズには落とし穴が

確かにこの歳になって、休みの日までピシッとするのは辛い、という気持ちは分かります。ですが、楽チンとだらしないは大違い。大きめのブカブカの服のほうが楽チンだというのは、ただの思い込みです。シャツもパンツも、常に大きめを選ぶ人は要注意。特にブルゾンは、サイズ選びで失敗しているオヤジを多く見かけます。

ボクの店でも、これじゃ肩がキツイとか前が留まらないとかで、どんどん大きいサイズを試着する方がいますが、全身のバランスを見て着たほうが、スッキリ見えますし、周囲の目も変わりますよ。

お馴染みのブルゾン「バラクータG9」を7サイズ並べてみました。袖の長さや太さだけでなく、肩幅も全然違います。機会があれば順に試していって、自分に合うサイズ探しを楽しんでください。

ジャストサイズ

大きめサイズ

パッと見ただけでこんなに違います

大きいサイズは下にセーターも着られて長く使えるから経済的と考える人もいますが、やはりボテッとだらしなく見えてしまいます。左のジャストサイズのほうが少し痩せて見え、キチンとした印象です。見栄えがこんなにも変わるサイズ選び、慎重に参りましょう。

RULE 3

暗いオヤジ色から卒業
明るい色がアジ出しサポート

恥ずかしがらず明るい色にトライ!

例えば還暦は赤、古希は濃い紫とか昔から年齢で決まった色があります。いつの時代も、歳をとると顔色がくすみ、雰囲気が地味めになるから、着るものくらい色を入れなさい、という先人の知恵からくる決まりごとかもしれません。そうしないとイメージがどんより暗くなり、実年齢より老けて見えたりしますよ、という。

確かにベーシックなネイビーやグレー、ブラウンなどは、着慣れていて安心な色。でも、そこに赤やオレンジ、白やピンクなど、明るい色をプラスすると、いつもの服装がより新鮮になります。

BASE

安全パイすぎて無難で平凡に見えます

ネイビーやベージュ等、この色だったら間違いない。でもそれだけだと無難すぎて、つまらない配色になってしまいます。色の組み合わせを変えると、無難ないつもの色も新鮮になります。

DARK

ダーク系のアースカラーは地味を加速させます

こちらもオヤジが好む色。濃いめのグリーンやブラウンなど、落ち着きは出せますが、くすんだ色だけだとジジくさくなってしまう恐れも。上手く差し色を入れましょう。

BRIGHT

明るい色を上手に取り込んで

明るいピンクやオレンジ等の色はビタミンカラーといわれるくらい、明るさを増してくれるもの。ちょっとくすんだオヤジの肌も明るく見せてくれますので、臆せず積極的に使ってみてください。

RULE 4

オヤジのアジ出しには ソックスとバンダナが香辛料？

控えめだけどさり気なく力強くアピール

ネイビージャケットに白ＢＤシャツ、パンツはカーキのチノと三種の神器の王道的組み合わせ、ここにアジ出しオヤジなら赤色のソックスをおすすめします。ボクの店でも毎年、いろいろな柄ソックスを扱っていますが、普段は地味めなお客さんに「ソックスくらい派手にしようよ」と提案しています。これだけで足元に注目が集まり、服装に気を遣っている人だとアピールできます。

もう1つ、アジ出しに役立つのがバンダナ。ハンカチとして以外に、特に巻物としておすすめしています。首元にお洒落なアクセントを付けてくれますし、オヤジを悩ませる汗止め＆シワ隠しとしても役立ってくれますよ。

SOCKS

還暦前でもオヤジには赤いソックスが似合います

長年推している赤系ソックス。暗くなりがちなオヤジの服装を控えめながら明るく印象づけてくれます。祝い事、勝負運を強くするなど赤はとかく縁起がいい。靴を脱いだときも注目されますよ。

BANDANNA

首元バンダナはオヤジの救世主

元々カジュアルでアメリカンな印象の強いバンダナですが、日本での手ぬぐいの使い道と同様、拭く、巻く、包むなど、用途が広いもの。首に巻くなら55～70cmの正方形が使いやすいですぞ。

RULE 5

失敗しないオヤジの服選びは
ベースの服に自分らしさを足していく

テーマを考え、三種の神器に自分の好みをプラス！

自分のお気に入りのテイストって、やっぱりその人らしさがよく出るもの。先に紹介した三種の神器をベースに、自分好みのアイテムを加えていくと、程よく個性も主張しつつ失敗も少なくなります。

例えば同窓会用にキレイめな格好をしなきゃってとき、三種の神器にチーフとシューズを買い足してアジ付け。さらに、アウターは何にする？　なんて、ベースを決めておけば、テーマに合わせて考えるだけで発想がどんどん広がっていきます。お店にベースの服を着て行って、実際に服を合わせてみるのが成功への近道です。

SHOP

三種の神器はどんなスタイルにも万能です

チノパンはいろいろな足し算が効く応用範囲の広いお利口アイテム。カジュアルにもドレスアップにもさまざまに着まわせます。少しくだけた集まりなら、BDシャツをボーダーカットソーにチェンジ。

SPECIAL COLUMN 1

コラムニスト・いであつしがこっそり教える

アジのあるオヤジになる方法

「オジさんの志は高く、目指すは火野正平さんか国井アナ」

いわゆる団塊の世代から1960年代生まれまでのオヤジの皆さん。思い出していただきたい。え、最近物忘れがひどくて何でもすぐ忘れちゃうってか？　そこをナントカ思い出してほしい。

貴方だって若い頃には、メンズショップでVANの服を1枚くらいは買って、『メンズクラブ』なんか立ち読みして、ちょっとはアイビーブームに乗っかってお洒落をしたことがあるはずだ。大学生の頃に、創刊間もない『POPEYE』に影響されてUCLAの学生でもないのにUCLAと書いてあるパチもんのTシャツを着たり、並んで「ボートハウス」のトレーナーを買ったりしたはずだ。

ああ、あの情熱はどこに行ってしまったのであろうか。そう、ダサいオジさんになりたくなければ、あの頃のようにとまでは言わないが、もう一度、お洒落することを楽しんでみようではないか。

一番手っ取り早いのは「同世代なのにカッコいいなあ〜」と思うオヤジの真似をすること。おすすめはＮＨＫのＢＳ番組で自転車に乗って日本各地を巡る火野正平さんだ。いきなり同じ格好をするのは無理でも、とりあえず自転車に乗ってサイクリングでも始めてみよう。きっと段々と自転車に乗りやすい格好をしたくなってくる。

そうそう、この本でモデルもやっている元ＮＨＫアナウンサーの国井雅比古さんの格好なんかもすぐ真似できそうだ。何より国井さんの、まるで趣味の園芸や里山歩きを楽しむオジさんのようにお洒落を楽しむ姿勢がいいではないか。今さら女性にモテたくてちょいワルオヤジにならなくたっていい。まずは自分が楽しめればそれでいいのだ。結果は後からかならずついてくるのだ。それでは、検討を祈りますぜ、ご同輩。

Ide Atsushi

いであつし

多くの雑誌や広告で活躍するコラムニスト。独自の視点でファッションやトレンドを斬る語り口にファン多数。著書には綿谷 寛さんとの共著『“ナウ”のトリセツ　長い？短い？“イマどき”の賞味期限』がある。

オヤジの
お悩み
解決します
中級編

悩みを
アジに変える
テクニック

それぞれのオヤジに合った服選びを！

さてここからは、中級編に突入です。オヤジ達が陥りがちなお悩み別に、分類して考えていきましょう。

体型の話が基本になりますが、肉体改造とか生活改善とかはこの本では一切考えません。それぞれの個性的な体躯をそのまま活かし、見せ方を工夫することで、アジのあるオヤジとして堂々と振る舞えるようなテクニックをお伝えします。

年齢を重ねてきて生じるさまざまな悩み。特に「太った」「痩せた」「古くさい」「老けた」、これは誰もが直面する現実的な問題です。でもそこは経験豊富なオヤジ世代。自信を持ちましょう。選ぶ洋服や着方、色や小物などで、その人のアジに変えていけばいいのです。

次ページからはそれぞれの悩みに対し、街の洋服屋として過ごしてきた40年間から弾き出した回答をご紹介します。

お悩み 1

歳を重ねるごとにプックリと太ってきました

大きめの選択は負のスパイラルに！

ボクを含めて一番ないがしろにされるのが大きめ、ポッチャリ系、恰幅がよいなんてことを言われるオヤジ達。日に日にサイズアップしてきて、痩せろだ、食べすぎだとかとやかく言われますが、歳と共に新陳代謝が悪くなり、脂肪が落ちにくくなるのは避けられません。運動しているつもりでもお腹が出てくるのが中年。

そこで着るものがキツくなったからといって、むやみやたらと洋服のサイズをアップすると、それにまたダイレクトに反応して自分のサイズアップに繋がってしまうという、悪循環に陥ります。

クローゼットの洋服が、キツくなったり古くなって着られないからと、軽い気持ちで大きいサイズに移行していくと、ラクでいいやってことになり、だんだん着れればいいやになってしまい、そのままただの太ったオヤジ化、ということに。

太めの体型でも、それをアジとして活かしながらお洒落に見せる方法はちゃんとあります。オヤジは無理なダイエットよりも服でカバーしていきましょう！

解決策は次ページから

太ったからといって大きめを選ばないように

オヤジになって太った人が陥りがちなのが、むやみにサイズアップした洋服を着てしまうこと。太った身体を隠そうとする気持ちは分かりますが、却って太めを強調することになります。さらにブカブカでだらしない雰囲気を漂わせてしまうので、避けましょう。

アジに変えるテクニック 1

太っているからこそ
サイズ選びはゆったりめを避ける

楽チンサイズの甘い誘惑

大きい人が、大きい服を着れば大きな身体を隠せるのでは？　それは間違いなく誤解です。自分がラクなサイズは、周りから見てエッ!?て場合が多いのです。最近若い人にオーバーサイズの服が流行っていますが、オジさんが楽チンだからとゆったりめを着ると、ただだらしない服を着てる風に見えてしまいます。逆に小さめだけどストレッチ系素材で楽チンってのもNGです。特にTシャツなど、直接身体の線が響くアイテムは身幅ユルめで縦はスッキリが鉄則。シャツは着丈を詰めたり、自分のサイズにお直しするのが一番です。

ゆったりサイズは、より太く見えます

ゆったりサイズを選んでしまうと、どうしても力が抜けた、デレッとした雰囲気になってしまうもの。太った体型をカバーしようとして大きめを選ぶのは、余計に太さを強調すると覚えてください。身体に合ったジャストサイズの服は、全体をシャキッと見せ、足も少しは長く見えるはずです。

アジに
変える
テクニック
2

ブカブカはおデブを加速させる ジャケットはジャスサイズを

体型に合ったものが一番見栄えがいい

毎日着るジャケットやスーツ、冠婚葬祭のスーツなどキチンと見せる場面、機会が多いオヤジ世代は、ちゃんと採寸してサイズが合ったジャケット、スーツを着ましょう。

その効果はブカブカしてるところがなく、着心地がいいのもありますが、周りの反応も全然違います。部分的に上（腹デカ）のサイズだったり、下（袖丈短い、肩幅狭い）のサイズだったりする歪《いびつ》なオヤジ体型でも、オーダーならバランスよく見せられます。最近はハードルが下がり、価格がリーズナブルなものもありますし。

通常、店頭にあるジャケットの場合、袖の長さは調整するとしても、肩幅を合わせると大概前のボタンが留まらないことが多く、結局上のサイズになり肩が落ちてブカブカ感が否めなくなります。

特に太めの方の場合、「このサイズだと腕が上がらなくて、電車のつり革につかまれない！　もう少しラクなサイズがいい」などと言われますが、「そんなにつり革につかまりますか？」と聞くとほとんどのお客さんが考え込まれます。肩はピッタリで、お腹はちょいキツめ程度が太った方はスッキリ見えますすよ。

オーダーで身体に合ったジャストサイズを！

滅多に着ることはありませんが、去年久しぶりに自分のブラックスーツを作りました。素材はディクロスという国産の生地で、ポリエステルですが撥水性、伸縮性に優れ、出張に持っていってもシワなどの心配もいりません。自分の身体のサイズに合わせて作ったので、スッキリ見えるでしょ！　スーツ8万2000円／Pt.アルフレッド🅗

アジに変えるテクニック
3

太さと長さに要注意！ジーンズはスッキリが合言葉

ウエストだけでなく全体をリフォーム

太めの人の最大の悩みがウエストサイズ。そんなに大柄でなくても腹だけ出てくるのは、中年男性の運命ともいえるでしょう。そのウエストに合わせてジーンズを買うと、落とし穴が待っています。

例えばウエスト40インチ、身長１７０cm未満のオヤジが、ウエストに合わせて購入したジーンズは、身長１９０cmくらいの大男用を想定して作られているので、腿やふくらはぎがブカブカになります。だから、裾上げだけでなく、身体に合った裾幅、太さにお直しをしましょう。太めの人でもスッキリした見た目になりますよ。

太めさんは逆二等辺三角形をイメージして

すべてはバランスで決まります。着ているシャツの裾を出したときの着丈、穿いてるジーンズの太からず細からずの丁度よいシルエット。靴は、ボリューム系を合わせます。これで逆二等辺三角形のでき上がりです。ネイビージャケットとかを合わせると、久しぶりに会った人には痩せた？って言われるスッキリシルエットが完成です。

○

×

シルエットが決まれば最後は裾問題です。縮みを考えて数回洗って落ち着くまでのロールアップはしょうがないのですが、早めに裾上げしてスッキリと。ジーンズは、手を掛ければ掛けるだけ少しずつ色落ちして愛着が湧きます。

アジに
変える
テクニック
4

ポッコリお腹も愛嬌に！
ベストを着ればチャーミング

やっぱりVESTがBESTです

太めのオヤジにとってベストは救世主的アイテムです。特に前開きのデザインはポッコリお腹に優しいです。

春の上着を着るほどでない暖かな日は、羽織る感覚でベスト。夏にTシャツ1枚で出かけると周りの目が気になるからベスト。秋はコートの下に重ね着としてのベスト。冬は、セーターのポケット代わりにしっかりとベスト。素材を変えて、年中ベストで錯視効果を狙えばポッコリお腹もチャームポイントに。重ね着の達人の友人は、種類の違うベストを2枚重ねたりもしています。

さらにジャケットの下にベストを着ると着こなしに奥行きが出ます。昔の人は懐中時計をポケットに入れてチェーンを垂らしたりなんかも。サイズはちょっと小さめがバランスも良好です。

ベストは、オヤジに貫禄を与えてくれながらお洒落に見せてくれる便利なアイテム。そしてポッコリしたお腹もしっかり覆ってくれて、チャーミングに見せてくれます。ポケット付きなら凹凸感もあり、よりメリハリが出せます。

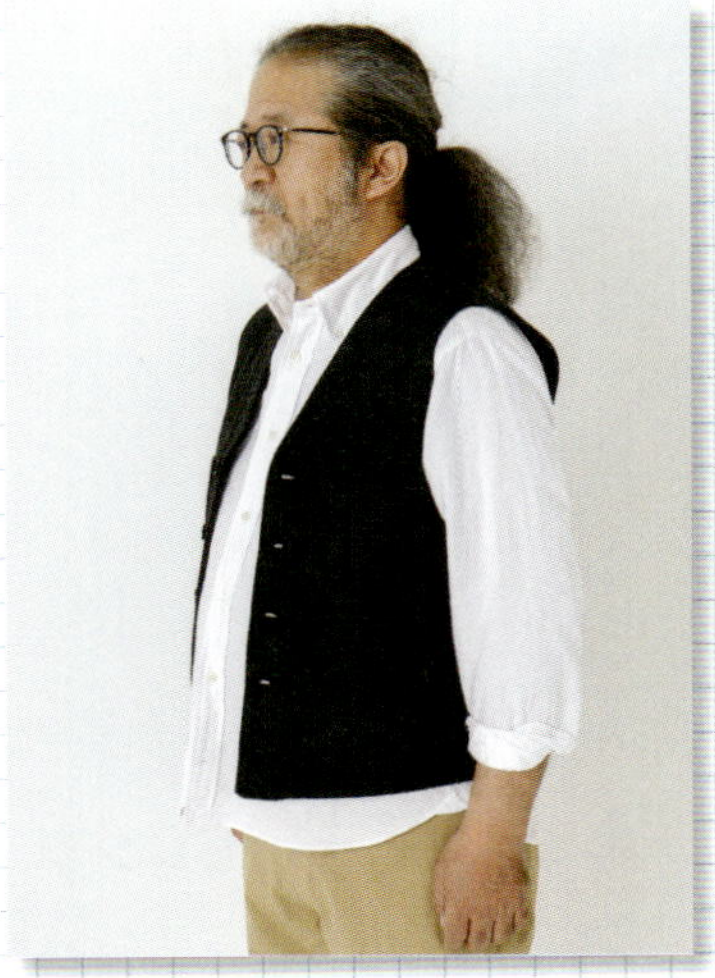

普段のシャツ姿もベストで激変！

白いシャツを１枚着たときとその上にベストを合わせたときとでは、見た目がこんなに違います。チャコールグレーのベストで、シャツとのコントラストをキツめにしたので、ポッコリお腹の緩和に効果てきめんです。季節ごとにお気に入りのベストを揃えておくとバッチリですよ！　ベスト2万2000円／フィルソン🅗

激変オヤジ
SAMPLE集

優しいキャラを活かしたボーダーニットで

太め

本橋弘吉さん
楽器関連会社経営 61歳

音楽業界でお仕事をされているので、仕事の際の服装にはかなり気を遣われています。海外出張も多く、多忙な方。普段はジャケパンやドレスパンツを中心にしたスタイルが多いそうです。

明るい色めにチャレンジ

お孫さんとの外出をテーマに、インナーに明るい色を取り入れ、シンプルなスタジャンで色を抑え、ニットキャップにも挑戦したオヤジの休日スタイル。「これなら、孫とディズニーランドに行けそう」と笑顔で感想をいただきました。

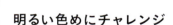

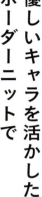

ちょっとずんぐりだからこそバランスを重視して！

太め

BEFORE

小林宏治さん

自転車メーカー代表 46歳

街乗り自転車好きから、人を介して知り合いました。移動に自転車を使うことが多いため、それに合わせた服装が多いそう。太めのパンツにアウター等シンプルだけど個性的なスタイルです。

AFTER

巻物＆ハットがキー

可愛いキャラクターをお持ちですが、今回は少しアダルトな雰囲気に。ベスト、巻物でメリハリを付け、ボリュームのあるメガネに替え、ハットにチャレンジ。裾細のパンツを合わせ、逆二等辺三角形のシルエットで全体をスッキリ見せます。

ネイティブベストで上半身に目線が集中！

大柄

BEFORE

境 政実さん

建築関係会社役員 57歳

高校時代、同じハンバーガー屋でバイトした古い友人。オンオフ共にベーシックスタンダード。服から靴まで、長く使えるものをしっかりと選んでいるトラディショナルスタイル派です。

AFTER

色を合わせてまとまりを

伝統的なネイティブ柄ベストにハイテク素材のボトムを合わせ、パーカーでこれを融合させた、大人のハイキングスタイル。リュック、帽子、パンツの色のトーンを合わせることで、まとまり感を出し、スッキリとした見た目に。

オフの日のスーツスタイルは上品な貫禄を意識する

大柄

BEFORE

薄 直宏さん

理学療法士 45歳

お父さんは学生の頃から、息子の可偉斗君は赤ん坊の頃から、ずっと来店してくれています。スーツでの出勤は少なくカジュアルすぎない服装を心がけ、仕事柄清潔感を大事にしています。

AFTER

息子さんも満足なオヤジのドレス姿

ベージュのコットンの3ピースは、リラックス感と威厳を同時に出すのに便利。はずしのスニーカーはグレーで重すぎないように。衿の巻物とベルトはネイビー系で遊び心のある素材を選び、親子での色バランスも意識。

お悩み 2

加齢でシワも目立ちがち 痩せすぎて貧相に見られます

服装で痩せコンプレックスを解消！

歳をとり痩せてしまった人には、貧相に見られるというお悩みをお持ちの方が多いです。

自分サイズのパンツを探してご来店されるお客さんは、少し大きめサイズをリクエストされる方と、あくまでジャストサイズにこだわりオーダーされる方に分かれます。お話を聞くと、少し大きいものを探される方は自分が貧相に見えると思い込んで膨らませて見せたがるのですが、少しだったらまだしもブカブカな服を着て逆に貧

相に見えるというスパイラルに。一方、ジャストサイズにこだわる方は、細さに自信がある方。自分も含めて大きめサイズの人は「あっ着れるのあった！」で終わりますが、痩せている人は、どのサイズをどんな感じでどう着るか、結構悩みが深いものなのです。

痩せている人は大きめサイズを着るのでなく、重ね着や小物、さらに色の選択で、さり気ないボリュームアップを目指すのがおすすめ。痩せていて貧相なんて微塵も感じさせず、自然に貫禄が出せて、お洒落度もアップします。

解決策は次ページから

貧弱な身体をごまかそうとビッグサイズを選択

筋肉が落ちてシワが増え、貧相で痩せぎすに見えてしまう……。これは、加齢に伴って陥る人が多い悩みです。それをごまかそうとサイズアップした服を着ると、一層痩せているのが強調されてしまいます。シャツを重ね着したり、ベージュやイエロー等の膨張色の服を選んで健康的に見せるのがおすすめです。

アジに変えるテクニック 1

胸板が薄いから シャツの2枚重ねでボリュームを

シャツは1枚で着るだけではありません

胸板の薄さや首の細さは、貧相に見える原因の1つとして悩まれている方が多い問題です。

それを手っ取り早く解決してくれるのがシャツの重ね着。上半身のボリュームアップに有効な上に首まわりに重点的に厚みを出せる等、いろいろメリットが多いのです。

例えば、首が細い人は、シャツの袖丈とネックサイズのバランスが合わず、シャツのボタンを上まで留めてしまうと袖が短い場合が多いものですが、そんなときもこの重ね着が問題を解決してくれます。定番のクラシックな厚手のラガーシャツを、衿付きのコットンセーターだとでも考えてもらうと、表題の２枚重ねが納得できると思います。冬場などに厚手のネルシャツの上に、ラガーシャツを着てみるのも工夫の１つです。

１つのアイテムの着方を一方向から決めるのではなく、いろいろ着方を試してみる。そうすればファッションスタイルのバリエーションも増え、ますますお洒落が楽しくなりますよ。

重ね着は痩せている人への福音です

アメリカの有名ブランドのカタログで以前見たのですが、下に着たBDシャツにネクタイをして、上にラガーシャツを重ねたコーディネートが新鮮でした。とにかく重ね着するとお洒落にボリュームを出せて、痩せている人には一石二鳥だと思います。ラガーシャツ1万2000円／バーバリアンⒺ

アジに変えるテクニック 2

堂々と見えてお洒落度も格別

スーツは3ピースで貫禄出し！

ベージュの3ピーススーツが大活躍！

ベージュは昔から膨張色と呼ばれ、主に痩せている人に選ばれてきた色です。ベージュのスーツは太めな人でも優しい雰囲気作りに有効ですが、痩せたオヤジにも貫禄を与え、重厚感をもたらしてくれる救世主的アイテムとして、おすすめします。

夏のスーツの印象が強いベージュのスーツですが、最近ではオールシーズンOK。洒落たレストランで友人との会食なんてときに頼りになるのがこのベージュカラーでしょう。

さらに痩せ型のオヤジにおすすめなのが3ピーススーツ。薄い胸

まわりをベストがナチュラルにカバーしてくれます。暑くなってジャケットを脱いでも、シャツ姿がサマになるのです。

ダークトーンのスーツほど堅すぎず、くだけすぎない微妙なさじ加減が、オヤジのアジ出しには最適だといえるでしょう。ネクタイをするのもいいですが、ノータイでもいいですし、季節によっては、中のシャツを半袖Tシャツにしたとしても男の色気っていう奴を漂わせることができますよ。

優しさと貫禄を痩せ型の人にプレゼント！

痩せ型の国井さんですが、ベージュの３ピーススーツがパリッとお似合い。優しい雰囲気とオヤジの貫禄を、スーツが同時にもたらしてくれています。さらに３ピースはジャケットを脱いでもOK!　ベストが痩せた身体を自然にカバーしてくれます。コットンチノクロス３ピーススーツ7万3000円／Pt.アルフレッドⒽ

アジに変えるテクニック 3

足腰をシャキッと見せるなら ジーンズはちょい太スラックスタイプ

適度な余裕でお洒落なジーニストに！

クールビズのおかげでなし崩しになりかけてるドレスコード。ジーンズもダメージ系じゃなければよしってことで、ドレスカジュアルに愛用しているオヤジ達もいらっしゃるかと思います。

細めのオヤジが普通にピッタリしたジャストサイズのジーンズを穿いてしまうと一層その細さが強調されてしまいます。ストレッチ素材のものやスキニー系はさらに加速。若者ならいいですが、いい歳したオヤジは避けたいところです。そこで痩せ型の方におすすめしたいのがちょい太デニムスラックス、最近は〝デニスラ〟って呼

ばれるもの。華奢なオジさんに適度の余裕をもたらしてくれます。ブルージーンズは元来作業服、しかも丈夫で長持ちというのがウリです。カッチリしたシルエットをガッチリした素材で作ったスラックスなので、定番のネイビージャケットにも、もちろんいい感じに合わせやすいのです。

長い間の習慣でシャキッとウエストで穿かなければって方もいるかと思いますが、腰で穿いたほうが痩せてても出てる下っ腹が苦しくないのでおすすめ。旅の移動とかで車内や機内に長時間座っているとよーく分かります。適度な太さもすごくラクですよ。

痩せてても品のよいデニムスタイルに

自然な太さのデニムスラックスは、ベーシックな14オンスデニムを使っているので、カジュアルというよりどちらかといえば重厚感もあり、カッチリ度が高いもの。痩せている人も適度な余裕を見せられます。三種の神器の白BDシャツは、違和感なく馴染んでくれています。デニムパンツ1万5800円／Pt.アルフレッド🅗

アジに変えるテクニック 4

ガリシワな首は年齢を強調するから首元には常に巻物を！

シワを隠せて実用的な巻物はオールシーズン活用

痩せていると目立つのが首のシワ。貧相に見えるし、老けて見えることも。ここを上手に隠すなら、やはり巻物に頼るのがおすすめ。色柄にもよりますが、痩せて血色のよくない顔色を明るく見せてくれる効果もあります。

さらに、ここ数年暑い夏が続いています。本来ならクールビズのおかげで、冷房の温度設定は高めのはずですが、建物に入ると外気温との差が大きくて、寒いなんて思うことが多くなりました。逆に冬に室内が暑く「夏は寒くて、冬は暑い！」なんて言い方まで。

そこで便利なのが巻物です。何しろ、首を温めて体温調節をしつつ、シワをしっかり隠せるのです。つまり巻物は、オヤジこそ実用的なアイテムとして取り入れるべきなのです。

着物の半衿が顔を引き立てるように、明色の巻物はオヤジの顔を明るい印象に見せてくれます。麻素材とかサラサラした生地なら汗ばむ季節も快適。１年を通して巻物をフル活用してください。

最初は照れくさいかもしれませんが……

季節を問わず、巻物に慣れてくると色で冒険したり、素材を選んだり、家族で兼用したりと、お洒落が楽しくなってきます。今までのシンプルなコーディネートに簡単にメリハリがつけられるので、初めての方はまず服と同系色から始めるといいですよ。ストール9000円／オリバースペンサー🅑

激変オヤジ SAMPLE集

長方形のバランスで痩せ型をナチュラルに克服！

痩せ型

BEFORE

関口和幸さん

メーカー勤務 51歳

痩せているけど骨太。全体が細いと肩まわりがキツイ。ウエストに合わせて選ぶと、腰まわりが張るなどサイズ選びでお悩みがち。そのためスーツはオーダーで作らせていただいてます。

AFTER

程よいボリュームを

休日のリラックススタイルがテーマ。ミリタリーの太いパンツに洗いのかかったシャツですが、つま先の丸い黒い靴を履くことで、全体が引き締まります。ストールでアクセントを付け、細めの首とのバランスをとりました。

痩せ型

オヤジの余裕を醸し出す洒脱なジャケパンスタイル

藤岡 新さん

建築デザイナー 58歳

バイクでご来店が多く、いつもキレイめなカジュアルスタイル。バイク系ウェアをさり気なく取り入れつつ、バイクから降りてもスッと街に馴染むコーディネートが印象的です。

白パンを活かす赤ソックス！

業界柄、仕事でよくある“パーティへ出席”をテーマにコーディネート。かっちりしすぎず、ドレスコードをややユルめて、ネイビーのジャケットにチーフで控えめに。チラリと見える赤いソックスをポイントにしました。

SPECIAL COLUMN

2

コラムニスト・いであつしがこっそり教える

アジのあるオヤジになる方法

「亭主改造計画で改造されてはいけない」

ダサい中年オヤジにならないためにはどうすればいいのだろうか。おお、そうだ、ＴＶのワイドショーなんかでやっている亭主改造計画とやらに応募してみようかしらん。中高年の亭主が、お洒落のプロ達によって見違えるように変身して、カミさんや娘から「パパ、カッコいい〜♡」と熱い眼差しで褒められるではないか。

いやいやいや、ちょっと待ちたまえ、ご同輩よ。言っとくけど、あの手の番組に応募するのは本人ではなく間違いなくカミさんでありますすね。いわゆるプロのスタイリストというのが提案するお洒落な格好ってぇのも、まぁ大抵どれも似たりよったりですからねぇ。

よくありがちなのが、細身の今どきのシルエットでストレッチが効いた白パンツ。これに若々しいギンガムチェックのシャツなんかをノータイで着させて第一ボタンも外しちゃって。さらにちょいワルオヤジっぽくジャケットの袖をひとまくりさせて羽織って、スニーカーを素足で履かせて、仕上げは派手なチーフを胸元へ。

いやぁ〜、見事に今どきのカッコいい若作りしたお父さんに変身しました。でも何だかねぇ。プロのスタイリストにセレクトショップで上から目線であれやこれやと着せられて選んだ服一式を着て、原宿や青山のヘアサロンでカットしてもらったヘアスタイルに変身して、カミさんや娘に「パパ、カッコいい〜♡」と褒められても、それは花粉症の人が即効性の鼻炎カプセルを飲んでほんの一時だけくしゃみや鼻づまりが治ったようなもんだと思いませんか。亭主改造計画でカッコいいパパに改造されたお父さんは、お洒落になったとかそういうことでは決してないのだ。自分の人生を服装に活かした格好こそ、アジ出しオヤジへの道といえるのではないだろうか。

Ide Atsushi
いであつし

お悩み 3

顔がデカくて足も短い 古くさい昭和な体型です

「昭和は遠くになりにけり」ですな

ボクが生まれたのは昭和35年（1960年）、独立して会社を始めたのが昭和63年。いつの間にか、旧世代に分類されるようになってしまいました。昭和中頃生まれのオヤジ達の体型の特徴といえば、顔がデカかったり、足が短かったり。今の若者達とは全然違います。

昭和な体型といえば俳優の藤田まことさんとかいかりや長介さん。店に来られたときの、オーラを発する存在感の大きさを覚えてます。アイビールックの生みの親として知られる、石津謙介さんも昭和体型で存在感に溢れていたのを思い出しました。

足の長さに関しては、すっかり変わった生活環境の違いからなのか、膝から下のバランスが、今どきの人と旧世代のボク達では随分違います。ついでにいえば、足も甲高幅広の旧世代に比べて、若い人の足は甲が薄くて細いのです。

でも違って当たり前！　何でもかんでも、スッキリしてシュッとした人ばかりじゃ面白くも何ともないでしょ。昭和な体型、造作の人が上手にアジを出せば、それもまたお洒落なんですから。

解決策は次ページから

昭和体型に今どきの派手&タイトめな服装では浮いてしまいます

顔がデカい、寸胴、足や首が短い等々、昭和な体型は決してスマートとはいえません。そんなオヤジが流行だからと、派手でタイトな服を着てしまうと、そのバランスの悪さがより際立ってしまい、お笑い芸人風のキャラに。逆にその存在感を活かした格好をすれば、むしろオーラのあるアジが出せます。

アジに変えるテクニック 1

圧迫感のあるデカい顔なら太セルメガネでキャラ作りをする

メガネのインパクトでデカ顔を緩和する

左ページでボクが掛けてるメガネもそうですが、例えば眉毛が薄くなったり、ヒゲが白くなったり、デカいだけでなくメリハリのないオヤジ顔になってきたら、メタルのサッパリ系より極太セルのインパクトあるフレームが似合います。

加齢と共に顔の筋肉が落ち、ハリがなくなったり、顔色が悪くなってくるのは避けようがありません。そこで太いセルメガネを掛けることで、メガネのカラーやボリュームに助けてもらえばいいんです。

EYEWEAR

太セルフレームは重くないかと聞かれることもありますが、オヤジになれば老眼にもなりますので、近くを見たりするときも含め、頻繁に外したり掛けたりするので意外に気になりません。それと丈夫ってところも見逃せないかと思います。

若い頃は、シンガーのジョン・デンバーのような金ブチの丸メガネも掛けましたが、オヤジになったら毎朝メガネを探すのに、目立って探しやすい太セルがいいに決まってます！

メガネのインパクトを活かした着こなしで

20年くらい前から着てる大きめサイズが流行った時代の英国の定番ジャンパー。そこに古いアメリカンブランドのものを復刻した太セルメガネなら違和感なしです。ニットキャップと合わせ、ちょい古い時代のオヤジっぽくしてみました。メガネ3万7000円／ジュリアスタートオプティカル F

アジに
変える
テクニック
2

足が短くてスタイルがイマイチ
足元のボリュームで短足をごまかす

逆二等辺三角形のシルエットを作る

自分でも持て余すくらいのウエストを誇るボクですが、足の短さも自慢できるくらいのオヤジ体型です。だからってどんな靴を履いても同じだろうなんて考えないでください。

足が短いとお悩みの方は、ガッチリした靴を履き、ボリュームアップしてみましょう！　肩から足にかけてを逆二等辺三角形と考えて、足元のボリューム靴で受け止めるのが好バランスです。

身長が低かったスティーブ・マックイーンが馴染みのテーラーでいつもパンツの裾幅を直して、厚手のソックスを2枚重ねて履き、

FEET

映画でもよく履いていた英国のボリュームあるチャッカブーツの大きめサイズを履いていた、という逸話は有名です。

身長は別にして、欧米人が大きなお腹でも雰囲気のあるコーディネートをしているのは、キチンと着こなしを教えてくれる街の洋服屋がいて、全体のバランスをうまくまとめれば、お洒落に見せられることが分かっているからだと思います。そんな風に全体のバランスを整えるとスタイルもよく見えますよ。

ボリューム靴と赤ソックスで足元にポイントを

足が短いのは昭和オヤジの特徴。そこでボッテリした靴で全身のバランスをとりましょう。全天候型のボリュームあるローファーを合わせ、さらに赤ソックスを足元のポイントにすれば、バランスがよくなります。ローファーだから履くのも楽チンです。シューズ6万5000円／パラブーツⒽ、ソックス1300円／Pt.アルフレッドⒽ

アジに
変える
テクニック
3

首が短くて不格好なら
シャツはチビ衿でスッキリと

大事なのは衿の大きさです

足だけじゃなく首も短いオジさんは、まずシャツはかならず試着すること。オレのネックサイズは幾つだから裄丈が幾つだったら絶対大丈夫、それは昭和のオヤジの思い込みです。衿の大きさ、台衿の幅などブランドによってもみんな少しずつ違います。その微妙なサイズの違いによって着心地も見た目も全く変わってしまいます。ですから試着はかならずしたほうがいいのです。

首が短い昭和体型の場合、大きめな衿だとアゴや首が衿に乗っかっているようで、不格好に見えてしまいます。ですのでネックサイズだけでなく、衿の大きさにまで気を配るのが正解です。首のサイズはピッタリなのになんか見た目がイケてない、というのは衿の大きさや形に原因があることが多いものです。

衿デザインは、レギュラーやワイド、BDやスタンドなどありますが、衿の高さが低いものでスッキリ首元を実現しましょう。

COLLAR

デカ衿は✕

スタンドカラー〇　チビ衿〇

衿の大きさ&デザインで
昭和顔も見え方が変わります

衿のちょっとした大きさの違いで、こんなに見え方も変わります。自分のこんな比較写真初めて見ましたが、なかなか違うもんですね。スタンドカラーシャツはスッキリしたオフ感を出しながら、ジャケットにも、面白く使えます。下右のBDシャツ各1万6000円／ハンドルーム🅗、スタンドカラーシャツ1万6000円／アイクベーハー🅗

激変オヤジ
SAMPLE集

ボーダーカットソーで大人の上品マリンスタイル

昭和

BEFORE

松本智之さん

縫製工場経営 51歳

10代から髪型はずっとリーゼント、それに合わせた服装、メガネ。親しみやすさは感じてもらえないかもしれないけれど、ラクなのと慣れで、なかなか新たな挑戦ができないとお嘆きです。

AFTER

メガネにも気を配って

お気に入りの琉球ガラスのブルーのペンダントに合わせ、髪型も変え、マリンテイストに。ボーダーにも挑戦してもらいました。メガネはセルフレームにして靴はローファーで爽やかに。「この服装はカミさん喜びますね」と笑顔。

オヤジの革ジャンスタイルはワイルドさに優しさをプラス

昭和

高 成浩さん

エディター 54歳

雑誌の編集&ライターとして長年お付き合いしています。自宅を十数年前に石垣島に移した島移住先駆者。それゆえ、アウトドアスタイルが多く、いつも同じ格好になりがちです。

インナー使いが重要!

革ジャンがワイルドになりすぎないようにネイビーのライダースを選択。インナーの白のタートルセーターと、茶のサイドゴアブーツで優しい印象に仕上げました。これなら、ブラックデニムにサングラスでもハードになりすぎません。

お悩み 4

歳をとって身体中ガタがきてます 加齢が進んで老けて見られます

歳をとるのは皆平等。加齢を味方につけましょう！

若い頃は幼く見られたくなくて、いろいろ工夫してました。それが50歳を超えると途端に髪が細くなり、白髪が増え、老眼がきつくなり……。加齢に伴ってさまざまな不具合が増えてきます。しかし、ソレを後ろ向きに考え始めるとドンドン老け込んでしまいます。何かで読みましたが、年齢と共に老人力が少しずつついてきた！って明るく笑い飛ばしましょう。

加齢に逆らおうとして、若者に人気のブランドを着たりして、派

手な若作りをするのは賛成できません。無理して頑張ってるのはすぐに見透かされます。街で頻繁に見かけるブランドだから安心だと思い、それをそのまま取り入れるのは若い人のすること。我々オヤジは、オヤジならではのアジな着こなしで表現すべきなのです。

薄毛や白髪、老眼にシワ。全部今まで自分の積み重ねてきた人生経験を表しているものだと前向きに捉え、それをちょっとの工夫で堂々と自分のアジに変えていけばいいのです。だってこれ、若い子達には真似できないんですから！

解決策は次ページから

無理をして“若い”格好をすると周りは引きますよ

最近の中年世代がいくら若々しくなったとはいえ、所詮はオヤジです。女性の美魔女ブーム等の影響で、アンチエイジングが注目されていますが、男性は年齢なりの服装やスタイルのほうがしっくりくるもの。オヤジの若作りは、ちょっとイタい人に思われてしまいますよ。

アジに変えるテクニック 1

髪が薄くなってきました
小ぶりなハットを上手に活用！

帽子が似合う（必要な）年代になりました

お客さんの年齢が上がり、髪の毛を気にされる方も増え、帽子の相談がちょくちょく舞い込みます。特に夏場は熱中症、紫外線を考えると必需品の帽子なのですが、本人は気に入っても、一緒に来た人がソレ違うとか似合わないとか言い出して結局決まらないことは、よくあります。なので、帽子を選ぶときはひとりでお店に行って思う存分試着をしましょう。身長が高くない我々オヤジ世代なら、ツバが狭い小ぶりなハットが特におすすめ。全身のバランスがしっくりきます。

ここ数年ボクがよくかぶっているのはセーラーハットと呼ばれる帽子です

HAT

（P26の写真）。邪魔なときはクルッと丸められるので重宝。素材については夏場は汗で蒸れないとか、冬は痒くならない等、季節や用途によって向き不向きがあります。汗っかきな人は洗えるのかも大事なところです。

帽子はオヤジのアジ出しにはもってこいのアイテム。頭髪の状況にかかわらず、ぜひ自分のものにしちゃいましょう。

ニットキャップ　セーラーハット

悩みの頭髪も帽子をかぶればキャラクターに！

下右は、あの有名なポパイが縁を折り返してかぶっている、セーラーハットと呼ばれるスタイルの帽子。サラッとした夏らしい素材の帽子です。下左は春夏向けの素材のニット帽ですが両方ともオヤジ世代が違和感なくかぶれて、爽やかな印象を与えます。右：セーラーハット7400円、左：ニットキャップ3800円／ともにラカルⓂ

アジに
変えるテクニック
2

白髪が増えてきました
華やかニットで若返りを

白髪には明るい色が映えます

若い頃から紺とか黒の洋服を着て、たまに茶系かなっていうオヤジが多いことかと思います。でも白髪が目立ってきたら、ベーシックな色の服に明るめで華やかな色のニットキャップを差し色に使いましょう。くすんだ肌、白髪に映える明るい色を積極的に取り入れると顔色も明るく見えます。歳だから落ち着いた色にしようというのは、一層年寄りくさくなってしまうので考え直しましょう。

還暦の赤、古希の紫、歳を重ねてのお祝いに明るめの色というのにはすべて意味があることをあらためて納得です。

KNIT CAP

華やかなニットキャップは色を楽しむのに絶好のアイテムですが、素材も大切。糸の種類で繊細さが出たりラフさが出たりしますから、いろいろ楽しんでみましょう。最新の機能性素材のものにも面白いものが沢山あります。またニットキャップだけにこだわらず、マフラーやストール、手袋などファッション小物に少しだけ華やかでキレイな色を使ってみましょう。コーディネートの差し色として使うと、全体に雰囲気が華やかになり、若々しく見えますよ。

明るい紫が顔色を明るく見せます

白髪が目立ち始めてきた国井さん。少しツバのあるハットを愛用されていますが、ちょっと小さめの紫のニットキャップは新鮮なバランスです。サイドから少し白髪が見えているのもいい塩梅です。10色以上の帽子を用意し、すべて試しましたが、この紫が一番。ここでも古希の紫に納得。ニットキャップ3800円／ラカルⓂ

アジに変えるテクニック 3

老眼が進んできました リーディンググラスでお洒落に！

アクセサリーとしての老眼鏡を考える

ボクは何年か前から普段のメガネだと新聞が読みにくくなり、もしかしたらと馴染みのメガネ屋さんで検眼すると老眼でした。遠近両用も試すなど紆余曲折の末、見えにくいときは外すと決めたら気がラクに。その代わり外したメガネをどこにでも置くので、探し回るハメに。そこで知り合いの雑貨屋さんで見つけたグラスコードで、首から下げることにしました。これも年齢に伴うお洒落の小道具の1つになりました。

老眼鏡を掛けたり、外したり、この動作ってオヤジだけの特権。

READING GLASSES

外国映画でも、威厳のある紳士はこの仕草をよくします。老眼鏡を掛けたときの上目遣いが、カッコいい人っていますよね。

最近では、老眼鏡はリーディンググラスと英語で呼ばれ、お洒落なものが増えてきました。ゴールドやシルバー、プラスチック等フレームの素材や色を選ぶのも楽しいもの。ジジくさいなんて思わずに、大人ならではのアクセサリーとして積極的に老眼鏡を使うことをおすすめします。

老眼鏡はオヤジのアクセサリーとしても！

国井さんが首から下げているのは、テレビ番組で火野正平さんが使って人気が出たという逸話を持つ、「クリッフ」というリーディンググラス。正面中央からレンズが左右に分かれるという画期的な仕様で、首に下げっぱなしでも絵になるモデルです。スポーツ仕様等もあり、デザインも豊富なので、用途に合わせて選べます。メガネは本江私物。

アジに変えるテクニック 4

シワシワな首ではジジイな印象に 首元にバンダナで若々しく変身

シワを隠しながら汗止めにも！

クールビズで夏場はネクタイをしなくてもOKって風潮になり、シャツのボタンの色とかステッチに凝ってみたり、果ては前立に柄が入るという不思議なデザインのシャツが蔓延。ボクは、オヤジはネクタイをしてるほうが自然で、断然カッコいいと思います。

日本では着物の半衿というアイテムがあります。顔に近い部分を色とか柄でビシッと締めてきた歴史があるのです。今や日本の男の黒の半衿はそのまま夏の黒のニットタイに変化しました。

そう、加齢に伴い、首のシワが気になってきたら、巻物、特にバ

BANDANNA

ンダナをすればいいのです。顔まわりに若々しさを与えてくれ、汗によるシャツの首汚れを防止してくれて清潔感があります。

バンダナのサイズは70㎝の正方形が使いやすく、巻き方は、まずはクルクルッと巻いて片方に結び目を作り、反対側を差し込んで調整してください。難しく考えないでクルッと回して固結びでもOK。

ネクタイのようなルールがあるわけではありませんから、自分で見てサマになる形で自由にアレンジしてみてください。

アウトドアで料理するときにもさり気なく

アウトドアでバーベキューなんてシチュエーションのとき、首にさり気なくバンダナを巻いて、しっかりした男のワーク系エプロンを合わせてみると……、ほらいい感じでしょ！　ちょっとシェフ的な雰囲気まで漂わせて、真剣に料理にハマるのもいいんじゃないでしょうか？　バンダナ5800円／Pt.アルフレッド🅗

明るいピンクシャツで着こなし全体を華やかに

加齢気味

BEFORE

山本利幸さん

骨董店「駱駝」店主 62歳

仕事柄、いつでも作業のできる服装が基本。動きやすく、洗濯のできるものを選んだ結果、いつも、ほとんど同じ。靴下は白がこだわり。これでいいのかと最近気にされてます。

AFTER

小物使いも若々しく

打ち合わせに出かけることが多いということでカジュアルな仕事スタイルに。ピンクシャツをベースにベストとミリタリーなパンツを合わせ、ダブルモンクの靴で全体を引き締めました。アクセサリー的にサングラスやクラッチバッグを。

カジュアルの王道Gジャンをオヤジらしく着こなす

加齢気味

BEFORE

野坂嘉明さん

アパレル会社役員 63歳

休みの日はロードバイクやモトクロスバイクに乗られ、賞をとるほどの本格アクティブ派。仕事では肩の力の抜けた、親しみやすさを感じさせる大人カジュアルスタイルが多いようです。

AFTER

上品なカモ柄で若さを

最近、着ていないというGジャンを大人の着こなしでコーディネートしました。ボーダーのネイビーと靴のネイビーでGジャンとのまとまりをよくします。憂鬱な雨も英国製のカモ柄の傘で、品のよさを出しています。

SPECIAL COLUMN 3

コラムニスト・いであつしがこっそり教える

アジのあるオヤジになる方法

「ウルトラライトダウンオヤジに ならないために」

「ウルトラライトダウンオヤジ」というのをご存じだろうか。我々昭和のオヤジ世代なら懐かしのウルトラマンか何かと思ってしまうかもしれないが、違いますから。冬になると最近よく見かける、薄手のダウンジャケットばっかりを着ているオヤジ達のことを、今どきの若い世代はこう呼んでるというのです。

ウルトラライトダウンオヤジは、大抵、カミさんが「土日限定スペシャル価格！」とか書いてある、週末の新聞に入っているチラシを見て「あらお父さん、これ着なさいよ」とか言われて、近所のモールで買ってきたウルトラライトダウンジャケットを着ています。

一度着たら、これが軽くて薄くて暖かくて、こんな便利なものはないってことを実感。毎日の犬の散歩から通勤、休日のちょっとした外出まで、秋口から真冬、春先まで。気がついたら寒い時期はほぼ毎日着ていることに。だからウルトラライトダウンジャケットの袖口はもう擦り切れんばかりにテカテカに光っていて、消臭剤と加齢臭が混じって何だか臭いもしてきちゃうことも。それがウルトラライトダウンオヤジの実態なんですね〜。

このウルトラライトダウンジャケット自体には何の罪もありません。そもそも薄手のダウンウェアは「インナーダウン」というアウトドアでセーター代わりに着るために開発された服で、お洒落な人達がジャケットの下に着るようになり、広まったのだ。それがどうしてウルトラライトダウンオヤジになってしまうのか。そう呼ばれないためにはどうすれば？　その答えは、この本を読んできたオヤジならもうお分かりのはず。周りと同じとかラクだからではなく、自分らしさをアジに変えたお洒落を楽しもうではありませんか！

Ide Atsushi
いであつし

オヤジ三人衆が語る アジのあるオジカジの極意

オヤジ世代真っ只中の3人が、ファッションに関するよもやま話を展開！ 50歳を過ぎた日本のオジさん達をカッコよくするための熱い鼎談が交わされました。

オヤジが服に開眼！

いで　オヤジはいわゆる背広は着慣れてるんだけど、それを脱いだときの格好が難しいよね。

国井　そうなんですよ。ＮＨＫのアナウンサー時代はスーツ一辺倒でお洒落なんかには無頓着でいたからね。汚らしくなければいいんだよって。

本江　そう、初めてお会いしたときは可もなく不可もなくというか、お洒落には無関心でしたもんね。

いで　男のお洒落の基本は、ま

ず足元だと思うんだけど、国井さん、どうでしたか？

国井　ずっと靴下は黒しか履いてなかったですから……ペアを間違ってもバレないから。とにかく無難が一番だったね。

いで　でもオヤジ達も大学生の頃はお洒落をしてましたよね、社会に出てどんどん関心が薄れちゃうんだよな。

本江　そう、だから国井さんには番組でデッキシューズを履いてもらったり、赤いソックスを合わせたり、チノパンを穿かせたりして意識改革をしてもらったんです。お堅いＮＨＫの人達はビックリしてたけど。

いで　イヤイヤ、番組を見てたらいい塩梅でしたよ。キメすぎないんだけどお洒落って感じ。逆にさ、お金持ちのお洒落好きなオジさんって、みんなイタリアンブランドに走りがちで、いわゆるちょいワル風な出で立ちになっちゃうんだよね。そしてそれを得意気にインスタに上げちゃう。

本江　それってアジ出しオヤジのやることじゃないよね。ボク

周りから
褒められて
服装に興味が
湧きました

的には、イタリア男って基本、女性ウケ狙いの装いなんだよね。

自分の人生観を服に投影する

国井 元々、私はそんなキャラじゃないし。スコットランドとかノルウェーの漁師が、自宅で無造作に着る洗いざらしの七分袖のニットなんかが、自分的には好きなイメージ。

いで ロンドンに行ったときに、おじいさんがケーブルニットにアスコットタイを合わせてコーデュロイパンツを穿いている姿にシビれた。パリでは、おじいさんがベレー帽かぶってダッフルコート着ていたり。海外は普通のオヤジがカッコいいんだ。

本江 そうだね。日本のオジさんは周りに忖度しすぎちゃって自分のスタイルってものを押し出す人が稀だから。

国井 でもね昔は、何やってるか分からなくてワルい匂いがするんだけど、憧れの兄貴的な存在の人もいたんだけどね。

Kunii Masahiko

国井雅比古さん

元NHKアナウンサーで、『プロジェクトX』などでもお馴染みの69歳。2012年からEテレで放送された『団塊スタイル』で、著者がスタイリングを担当し、洋服にも目覚めました。

いで　それと最近は女性の目線を気にしすぎ。パーソナルスタイリストさんとかは、表面的な見てくれは整えてくれるけど、アジのあるスタイルにはならないよね。やっぱりオジさんの場合は、人生観が出てこそカッコよく見えるんだから。

本江　ＮＨＫの『団塊スタイル』で国井さんをコーディネートするときにもかならず番組のテーマを聞いて、架空の人物像を思い浮かべて、それに似合う服装を常に考えてましたね。

周りから褒められれば服への関心が高まる

国井　実際に『団塊スタイル』が始まって、視聴者の方からも好評をいただいて、服に対する意識が変わりましたよね。周りのスタッフ達にもいい影響を与えて、本江さんの店にＮＨＫのオジさん達を連れていきましたもん。本江さんに服選んでもらって着てみたら「おっ気持ちがいい」なんて言っちゃって。

洋服屋の
オヤジさんから
多くのことを
学んだよ

本江　そうですね。服に対する価値観を変えてあげれば、オヤジもお洒落に積極的になりますよね。

国井　自分は足が短いし、ズボンは腹で穿くと思ってたから、腰で穿くなんて言われてびっくりしちゃって。でも実際そういう穿き方したら気持ちいいんだよね。結局服も教育なんだと実感しましたよ。

いで　いわゆる服育というやつですよね。

国井　そう、お洒落って言われるとちょっと抵抗があるんだけど、上っ面だけじゃなくて洋服ってこういうもんだって言われると素直に受け入れられますよね。ところで、結局オヤジはどんな格好を目指すといいんだろう？

自分にとってのメルクマールを作る

いで　1つのポイントは小ギレイさですよね。

Ide Atsushi

いであつしさん

多くの雑誌や広告で活躍するコラムニスト57歳。著者とも旧知の仲で、男性月刊誌『Men's EX』や『Begin』ではコラムを長期連載中。今回も独自の視点で鼎談を盛り上げてくれました。

本江　そう、一緒に出かける奥さんが恥ずかしくない格好。お客さんには「これだったら奥さんに怒られないでしょ?」なんてよく言いますね。相手を引き立てることを意識したファッションが大切だと思います。ボクが、一番影響されたのがスティーブ・マックイーン。いつも小ギレイにシュッとしたパンツを穿いていてディテールまで真似しました。

国井　私は『太陽がいっぱい』のアラン・ドロンだな。物語も含めて深く印象に残ってます。

本江　この前、ジャン＝ポール・ベルモンドと一緒に出てた広告もカッコよかったですよね。さすがフランスのオヤジはやるなぁとちょっと悔しく思いましたよ。

いで　僕は洋服屋さんのオヤジさん達かな。青山の「エミスフェール」にいた中村さんとか。やっぱり真似したい人がいるってのが、自分のスタイルへのモチベーションにも繋がると思いますよ。

お客さんの
顔を見て
服を提案する
のが一番です

国井　逆に世の中に出ている雑誌とか本とかって、オヤジには真似できないものが多いんだよね。

いで　そうなんですよ。ファッションの教科書本ってカッコいいモデルが着てたりして、憧れはあるけどオヤジ達がそのまま真似してもしっくりこないでしょ。実際はそんな人いませんから。

本江　それと量販店だと若い販売員が多くて、オヤジが買い物する気が起きづらい。50代のオヤジ世代の販売員がいるとそこに行って話しながら買い物しようっていう気になるもの。リアルな話が聞ける人がいるといいんだよね。

頑固なオヤジの固定観念を変える

国井　最初に、本江さんが『団塊スタイル』で洋服を持ってきたときは、こんな色着れねーよって思ったんだよね。でもま

Hongo Koji

本江浩二

「街の洋服屋」として店舗を切り盛りするかたわら、男性ファッション誌からの取材や地方新聞での連載等をこなす。NHKでの国井さんのスタイリングをきっかけに新たなお客さんも増加中。

な板の上の鯉の気持ちですべてお任せしたら、視聴者や関係者、それに家族からも評判がよかったんだ。

いで　テレビ見てて、お洒落だなぁって。そしたら本江さんがスタイリングしてるって聞いて、なるほどと思いましたよ。

本江　国井さんは仕事だからね、半ば強引にお願いしましたけど、お客さんの場合は何回も試着をしてもらって、固定観念を崩して、納得してもらうまでが大変なんですけどね。

いで　オヤジは頑固だからね。

本江　それを崩すのは周りからの評価だったりしますよね。

国井　そうだね。でも今の50代、60代の頑固さは1つ上の世代に比べれば全然柔らかい。だってまだまだ楽しみたいと思ってるから、きっかけさえあれば服装も変わると思いますよ。

いで　そうだよね。だから頼りになる店員さんを見つけるのがいいんですよ。量販店なんかどんどん店員さんを減らして店内ではパソコン画面でコーディネート見たりするからね。

国井　へー、若い人はいいかもしれないけど、我々オヤジはやっぱり人対人。人生観が分かってお互いに話をしながら服を選べるといいよね。

いで　昔のテーラーみたいな感じですよね。そのカジュアル版が増えるといいよね。本江さんのお店はそうだけど。

本江　昔から入り浸ってた洋服屋のオヤジが、「衣食住って、衣が最初なのに今は一番ないがしろにされている」って嘆いてたのが印象的だった。これからも同世代のオヤジ達のために頑張るよ！

Pt.アルフレッドで行われたオヤジ３人の洋服談議は尽きることなく、さまざまな話が飛び出しました。ここでは書けない秘密の話に大盛り上がり！

オヤジのお悩み解決します

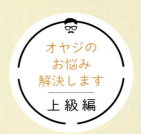

上級編

季節感を取り入れた 素敵なオヤジに 変身しましょう

季節に合った服装を楽しみましょう

日本には四季があります。雪国高岡での子ども時代、季節は今以上にハッキリしていて、それに合わせた格好を自然に覚えていった気がします。

でもいつの間にか、暑さや寒さえしのげればいいと、機能性のみを優先させた服を選んで、いつも同じような格好になっていませんか？　それでは普通のオヤジです。

季節感満点の舞台(世間)を堪能するために、衣装(洋服)は大事な小道具。このステップでは、春のお花見や夏の海辺、秋のスポーツ、そして冬はクリスマスパーティ等々、季節ごとのイベントでのおすすめの服装をご紹介します。

ここまで読まれて、オヤジのファッションのベースはでき上がっているはず。あとはご自身のライフスタイルや生き方も反映したアジのある服装を完成させてください。

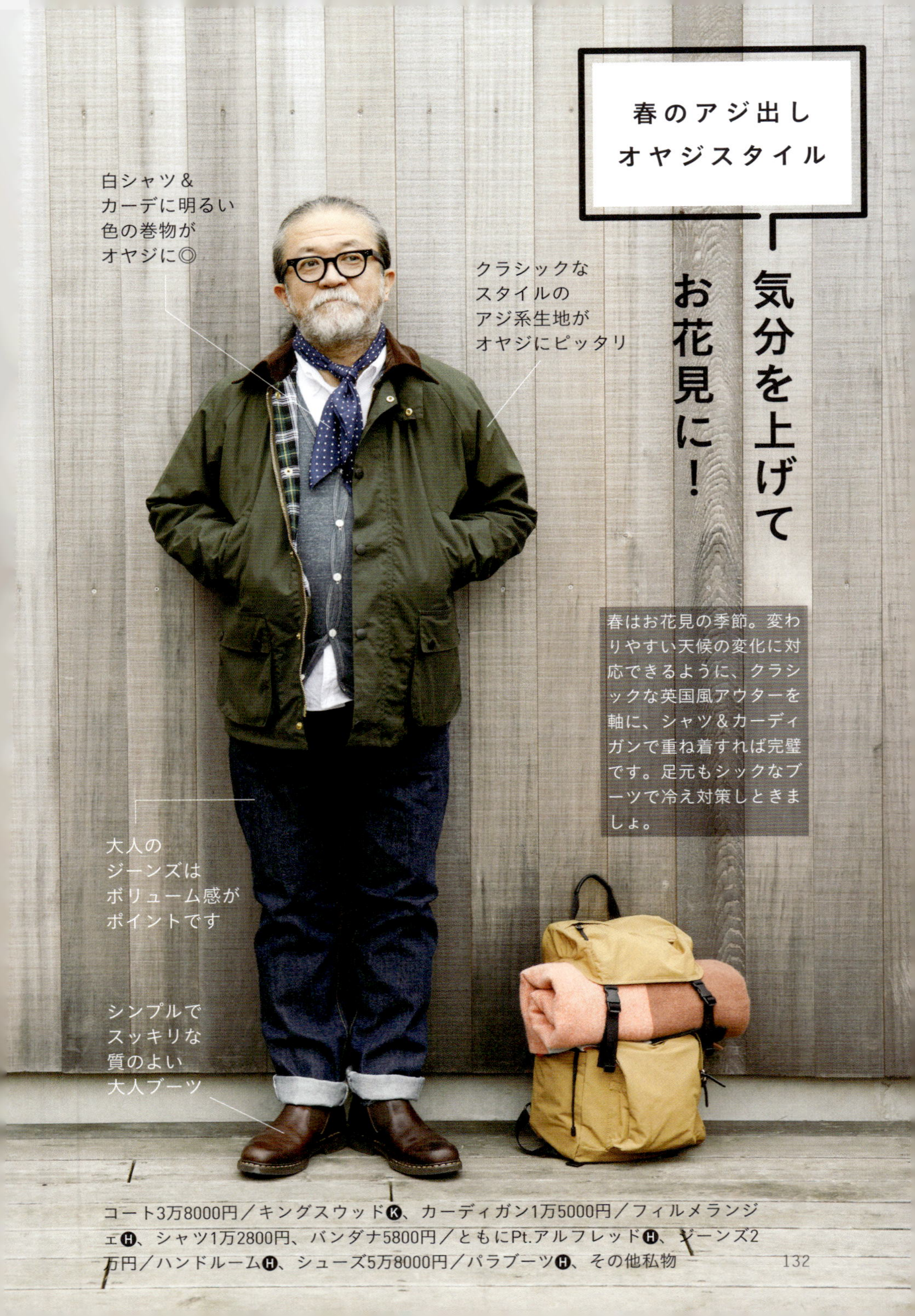
白シャツ＆
カーデに明るい
色の巻物が
オヤジに◎
クラシックな
スタイルの
アジ系生地が
オヤジにピッタリ
大人の
ジーンズは
ボリューム感が
ポイントです
シンプルで
スッキリな
質のよい
大人ブーツ

春のアジ出し オヤジスタイル

気分を上げてお花見に！

春はお花見の季節。変わりやすい天候の変化に対応できるように、クラシックな英国風アウターを軸に、シャツ＆カーディガンで重ね着すれば完璧です。足元もシックなブーツで冷え対策しときましょ。

コート3万8000円／キングスウッドⓀ、カーディガン1万5000円／フィルメランジェⒽ、シャツ1万2800円、バンダナ5800円／ともにPt.アルフレッドⒽ、ジーンズ2万円／ハンドルームⒽ、シューズ5万8000円／パラブーツⒽ、その他私物

まだある！　春のおすすめアイテム

まだちょっと肌寒い春先のお花見は、インナーとアウターを上手に組み合わせてしっかり防寒。いろいろと動き回りたいので機能性にも気を配るべし！

ブルゾン

FBIの御用達ブランドらしい機能的で動きやすいブルゾン。防寒性も高く、シンプルなデザインなのでいろいろ着まわせます。ブルゾン5万8000円／モーシャンⓙ

パーカー

地肌に触れるパーカーは着心地重視。天然素材やこだわった織り方ゆえちょいお高いですが、ずっと着られるので結局お得！パーカー1万9000円／フィルメランジェⓗ

パンツ

汚れもアジになる太めの生成りのペインターパンツには、赤ベルトを合わせましょう。パンツ5800円／スミスⓗ、ベルト6300円／ホワイトハウスコックスⓗ

バッグ

外出に便利な2ウェイトートは、コットン60％＋ナイロン40％の定番生地を使用。経年変化も楽しめます。バッグ各1万2000円／スタンダードサプライⓗ

春のアジ出し
オヤジスタイル

春は書を捨て旅に出よう!

スッキリ着られる
大人のGジャンは
着まわし力も
抜群です

いろいろ使える
ボーダーシャツは
工夫次第で
年中無休!

シルエットと
機能性が両立した
穿き心地のいい
カーゴパンツ

急な雨や山道も
へっちゃらな
ボリューム満点な
ローファー

久しぶりに旅行にでも行こうかな。そんなときは普段着ている服をちょっとだけアレンジして、少しくらい汚れても気にならない格好で。首元にはスカーフを巻くと、お洒落な上に汗止めにもなってくれて、便利です。

Gジャン3万5000円/ハンドルームⒽ、ボーダーシャツ9800円/ブレトンⒽ、パンツ1万9000円/モーシャンⒿ、スカーフ1万4000円/ペンローズⒶ、シューズ6万5000円/パラブーツⒽ、ソックス1200円/Pt.アルフレッドⒽ

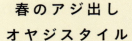

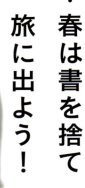

まだある！　春のおすすめアイテム

いろいろと動き回る旅行なら、アクティブな格好が一番。でもただのスポーツウェアでは休日のオッサンになってしまうので、キレイめをキーワードに！

オヤジには、本物の革ジャンが似合う。2015年に復活した英国ブランドは、分かってる大人の雰囲気です。ブルゾン12万5000円／ジェームスグロース❶

シンプルな白シャツは、質のよさが如実に表れるアイテム。シャツ１枚で着ても、上に何かを羽織ってもサマになります。シャツ1万6000円／アイクベーハー🅗

クラシックなショルダースタイルで旅行はもちろん、ゴルフ、出張まで使いまわせる頑丈で便利なカメラバッグです。バッグ3万9000円／ビリンガム🅗

ストレッチ系やダメージ系ジーンズは若い人のもの。オヤジは穿き込んだアジ出しジーンズ！　ジーンズは私物、ベルト1万8000円／ホワイトハウスコックス🅔

春のアジ出し
オヤジスタイル

シトシト雨でもお洒落を楽しむ

打ち込み系
チノクロスの
コートはほぼ一年中、
活用可能！

インナーは
白シャツと
チマヨベストを
ちら見せ

春のシトシト雨。でも着るものの工夫次第で、楽しく快適に過ごせるんです。チノパンと同じ生地を使った簡単にはへたれないコートをはじめ、本格的な実用品は天候に左右されず、オヤジをお洒落に守ります。

シュッとして
楽チン！　英国
乗馬靴屋さんの
チェルシーブーツ

太すぎず、
細すぎない
余裕の２プリーツ
チノパンツ

コート5万3000円、シャツ1万2800円、パンツ1万5000円、ソックス1300円、バンダナ5800円／すべてPt.アルフレッドⒽ、ベスト4万8000円／オルテガⒽ、シューズ1万9000円／タッファⒽ

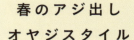

まだある！　春のおすすめアイテム

春の冷たい雨から湿度の高い梅雨どきまで、防水性や防湿性等、高機能素材を使ったアイテムの出番です。雨の日だからこそお洒落を楽しんじゃいましょう。

シャツ

最上級の米国製ピマコットン100%の白シャツは、ソフトでしなやかな着心地。湿気の多い季節でも快適さが違います。シャツ1万6000円／ハンドルームⒽ

シューズ

丈夫な革を使用し防水性も高く、少し重め。ですが歩きやすく、メンテすれば長く履けます。シューズ6万5000円／パラブーツⒽ、ソックス1200円／Pt.アルフレッドⒽ

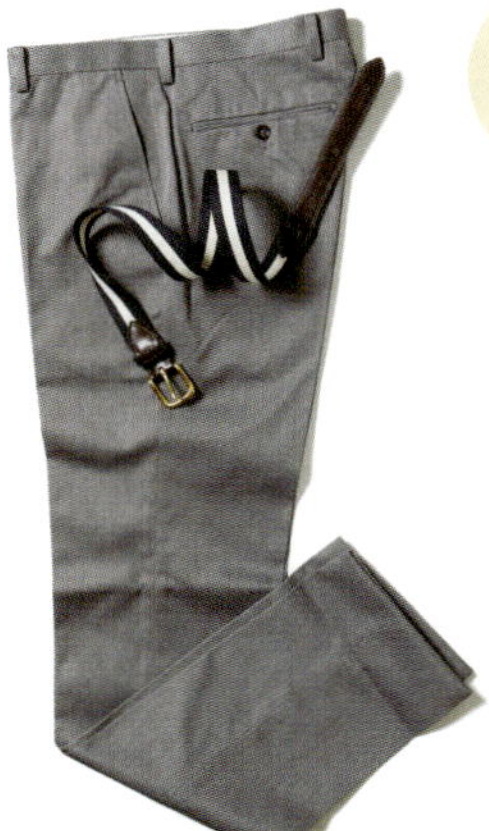

パンツ

ポリエステル混紡のパンツは折り目が消えにくくシワに強いので重宝です。パンツ1万4800円／Pt.アルフレッドⒽ、ベルト1万4000円／ホワイトハウスコックスⒺ

コート

雨対策にレインコートは欠かせません。防水＆防湿性が高く、薄くて軽くて小さく丸められるので、携帯性も抜群です。コート3万6000円／アルクフェニックスⒽ

夏のアジ出し オヤジスタイル

ビーチのオヤジは程よいヌケ感が◯

朝晩の海は
1枚薄手の
トレーナーが
あると便利です

春夏秋冬、長袖
白BDシャツは
常に活躍する
ヒーローです

チョイ太めの
半ズボンが
オヤジには
いい塩梅！

夏の海にも
しっかり系の
革を使った
ローファーで

夏といえばやっぱり海。ただしTシャツ、短パン、ビーサン姿はあくまで若者の特権です。オヤジの肌出しはみっともないし、過度な日焼けも避けたいところ。そこで長袖シャツに太めのショーツがおすすめ。裸足も避けてローファーを！

シャツ1万2800円、ソックス1200円／ともにPt.アルフレッド Ⓗ、トレーナー1万8000円／フィルメランジェ Ⓗ、ショーツ1万2500円／フィルソン Ⓗ、シューズ6万5000円／パラブーツ Ⓗ、その他は私物

まだある！　夏のおすすめアイテム

ここ数年、夏の話題の中心は熱中症。そこでオヤジは帽子を上手に活用してほしいところ。ラクだからとサンダルを履くときも極力ソックスを合わせましょう！

カットソー

イタリアの下着メーカーのTシャツは肌触り＆フィット感抜群。同素材のカーディガンと組み合わせたい。Tシャツ5800円、カーディガン7800円／ともにジチピ**J**

帽子

日差しが強い日の外出は、帽子をかぶることを忘れずに！　コンパクトに畳めるタイプなら、邪魔にならず携帯できて便利です。帽子各9200円／ラカル**M**

リュック

海辺では両手が自由になるリュックが重宝します。リュック2万3000円／スタンダードサプライ**H**、帽子6800円／エベッツフィールドフランネルズ**H**

サンダル

オヤジのサンダル姿はだらしなくならないようにソックスを履く。それだけで違いが出ます。サンダル3900円／オカバシ**D**、ソックス1200円／Pt.アルフレッド**H**

夏のアジ出し
オヤジスタイル

スポーティな装いでドライブを楽しむ

定番の白Tには
シッカリした
編み地で発色の
いいベストを！

米国製
クラシックな
芯なしツバで
チノクロスの
キャップ

オリーブグリーンの
スッキリ系
カーゴパンツは
タフさも売り！

クラシックな
ローファーと
懐かしさ満点の
アーガイルソックス

ちょっと足を延ばして避暑地等にドライブに出かけたい気分。でもどんなに暑くてもオジさんのTシャツ1枚での外出は不格好です。そんなときはベストを合わせるだけで早変わり。カーゴパンツでスポーティさを強調しましょう。

Tシャツ6300円、パンツ1万5800円／ともにPt.アルフレッド🅗、ベスト1万1000円／バーバリアン🅗、ベルト1万4000円／アーツアンドクラフツ🅗、帽子6800円／エベッツフィールドフランネルズ🅗、シューズ7万6000円／クロケット＆ジョーンズ🅔、ソックス3300円／コーギー🅗

まだある！　夏のおすすめアイテム

サマードライブは軽快なスタイルがお約束。ボーダーのTシャツやチノの半ズボン、羽織りものにはクラシックなジャンパータイプを用意して出かけましょう。

ジャンパー

夏とはいえ高原のドライブはちょっと肌寒いときも。スポーツ系のジャンパーは車内に常備しておけば、役立ちます。ジャンパー3万4000円／フレッドペリー Ⓗ

Tシャツ

夏の定番アイテムといえばボーダーTシャツ。色のバリエーションを数種類揃えておくといろいろ着まわせて便利です。Tシャツ各4300円／ジチピ Ⓙ

シューズ

Uチップのドレスシューズは、ショートパンツにも合わせやすいデザインです。シューズ6万5000円／パラブーツ Ⓗ、ソックス1200円／Pt.アルフレッド Ⓗ

ショーツ

オヤジにはバミューダという名前でお馴染みの膝丈のショートパンツ。ショーツ1万4000円／Pt.アルフレッド Ⓗ、ベルト1万4000円／ホワイトハウスコックス Ⓔ

夏のアジ出し
オヤジスタイル

ちょっと気取って
ふたりで食事に！

シャンブレーの
BDシャツで
こなれ感をプラス！

三種の神器
紺ジャケットは
どんな場面でも
万能です

汚れが気になる
白ジーンズも
テフロン加工なので
超安心！

白ジーンズを
足元で締める
型押しレザーの
Wモンクシューズ

オヤジにとって夏バテは辛いもの。そこでたまには奥さまと星付きレストランでゆっくりと充実した食事を楽しんでみては。紺ジャケットにネクタイ、さらに夏らしく白ジーンズで決めて、スマートにエスコート。奥さまの笑顔、間違いなしです。

ジャケット3万9000円、シャツ1万3800円／ともにPt.アルフレッドⒽ、ネクタイ9000円、チーフ4800円／ともにロバートフレイザーⒶ、ジーンズ2万円／ハンドルームⒽ、ベルト1万1500円／アーノルドウイルスⒽ、シューズ6万7000円／パラブーツⒽ、ソックス2800円／コーギーⒽ

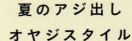

まだある！　夏のおすすめアイテム

紺ジャケットなら、インナーがTシャツでも夏用のストールを巻けばエレガントな装いに。デニムパンツやローファーもキレイめのタイプを選べばスマートです。

ジャケット

オンオフ問わず、ネイビージャケットは着るだけでちゃんとして見える魔法のアイテム。一年中大活躍です。ジャケット3万9000円／Pt.アルフレッドⒽ

Tシャツ

Tシャツ1枚は厳禁！　ストールを巻けば、オヤジのTシャツ姿も見違えます。Tシャツ7000円／フィルメランジェⒽ、ストール2万2000円／フランコ バッシⒶ

パンツ

キレイめデニム、通称「デニスラ」もオヤジにおすすめ。裾はWで仕上げましょう。パンツ1万6000円／Pt.アルフレッドⒽ、ベルト1万4000円／マクロスティⒽ

シューズ

オヤジ世代の初めての外国製靴はバスって人が多いはず。懐かしいローファーはいかが。シューズ2万3000円／ジーエイチバスⒼ、ソックス3300円／コーギーⒽ

秋のアジ出し
オヤジスタイル

リラックスして
スポーツを楽しむ

スポーツの秋、身体を動かすのが億劫なオヤジでも、気分が上がるもの。パーカーやカーゴパンツのベーシックでスポーティなスタイルに、ベストや発色のよいニットキャップを合わせると大人感をアピールできます。

重ね着に便利な
薄手の中綿パッカブルで
体温調節もラク

ナチュラルな
素材と縫製で
徹底的に肌触りを
重視します

ちょい太め
カーゴパンツも
打ち込み系チノで
大人感満載！

シンプルな
MADE IN USAの
スニーカーは
永久定番です

ベスト2万3000円／ティラックⒽ、パーカー3万円／フィルメランジェⒽ、Tシャツ6300円、パンツ1万7000円／ともにPt.アルフレッドⒽ、帽子3800円／ラカルⓂ、シューズ2万3000円／ニューバランスⒽ、バッグ2万7000円／佐藤防水店Ⓗ、その他私物

まだある！　秋のおすすめアイテム

オヤジのスポーツは無理せず、リラックスして盛り上がりたいもの。ユルユルの太パンツやベースボールシャツなどで、スポーツ好き感を醸し出しましょう。

シャツ

野球好きならベースボールシャツ。ネルシャツに重ねて、懐かしのアメカジスタイル。ベースボールシャツ1万8000円／エンパイアⒽ、シャツ8500円／カムコⓀ

ブーツ

サイドゴアデザインのワークブーツは履きやすさ抜群。足元からの寒さにも◎。ブーツ1万9000円／アリアットⒹ、ソックス（3足）3000円／ニューバランスⒽ

パンツ

シンプルなフランスの軍パンは太パンツの入門に最適。素材感も絶妙。パンツ1万4800円／Pt.アルフレッドⒽ、ベルト1万8000円／ホワイトハウスコックスⒺ

マフラー

スポーツをして汗をかき、肌寒くなってきたらウールのタータンマフラーが活躍。膝掛けとしても使えます。マフラー各1万2000円／ジョンストンⓁ

秋のアジ出し
オヤジスタイル

ハイキングで秋の気配を探しに

シンプルなデザインで
動きやすさを
追求したダウン

ラグビーウェア
からのデザインで
耐久性抜群の
シャツです

ボリュームのある
トップスには
スッキリした
カーゴパンツを！

ローカットの山靴は街でも
アウトドアでも使い勝手◎

秋の行楽シーズンといえばハイキング。紅葉を見に行ったり、名所旧跡を巡ったり、知らない街を散歩したり、オヤジはみんな大好きです。動きやすい格好で、気温の変化に対応するウェアリングで、外歩きを楽しみましょう！

ダウン8万6000円／ピレネックスⒺ、シャツ1万2000円／バーバリアンⒽ、バンダナ5800円、パンツ1万7000円／ともにPt.アルフレッドⒽ、ベルト1万4000円／アーツアンドクラフツⒽ、シューズ3万9500円／ザンバランⒸ、ソックス3300円／コーギーⒽ

まだある！　秋のおすすめアイテム

気持ちよく歩くために、履き心地のいいスニーカーと大きめのバッグはマストです。気温に応じて脱ぎ着することを考えて、洋服をチョイスしましょう。

ベスト

軽量のダウンベストは、歩いていて暑くなったら小さく畳んでバッグに収納。ダックダウンで保温力も抜群です。ベスト2万8000円／ピレネックスⒺ

シャツ

厚手のネルシャツは重ね着をしやすく、春は羽織りものとして、秋冬はインナーとして長く着用できる便利なアイテムです。シャツ8500円／カムコⓀ

シューズ

履き心地に定評のあるニューバランスは、沢山歩くハイキングにおすすめです。シューズ2万5000円／ニューバランスⒽ、ソックス1200円／Pt.アルフレッドⒽ

バッグ

普段使いに最適な大きめトートバッグは、リュックにもなる仕様でハイキングにも◎。収納するものに応じて細かな調整も可能。バッグ1万4000円／バッハⒽ

秋のアジ出し オヤジスタイル

久しぶりの同窓会で旧友と語らう

キメすぎないで
少しはずすなら
白シャツに
カモ柄蝶タイを！

シャキッと見える
紺ジャケに
極太フレームの
メガネを合わせて

こだわり抜いた
黒ジーンズに
ウエスタンベルトで
ドレス感を

履きやすい
プレーントウには
赤いソックスを
差し色に

かつての仲間達と久しぶりに再会する同窓会。老けたなぁ、なんて言われないように気合いを入れたいところ。ジャケットはちょっと小さめでスッキリ見せたり、カモフラ柄の蝶タイをしたり、少しの工夫がアジに。

ジャケット4万5000円、シャツ1万2800円、蝶ネクタイ5000円、チーフ1500円、ソックス1300円／すべてPt.アルフレッドⒽ、ジーンズ2万円／ハンドルームⒽ、ベルト1万6000円／ルケーシーⒽ、シューズ4万6000円／レッド・ウィングⒽ、メガネ3万7000円／ジュリアスタートオプティカルⒻ

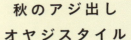

まだある！　秋のおすすめアイテム

ジャケットを着るほど堅苦しくない場面ではGジャンを活用すると若々しいですよ。キレイめパンツとシックなダウンコートで大人のアジをにじませましょう。

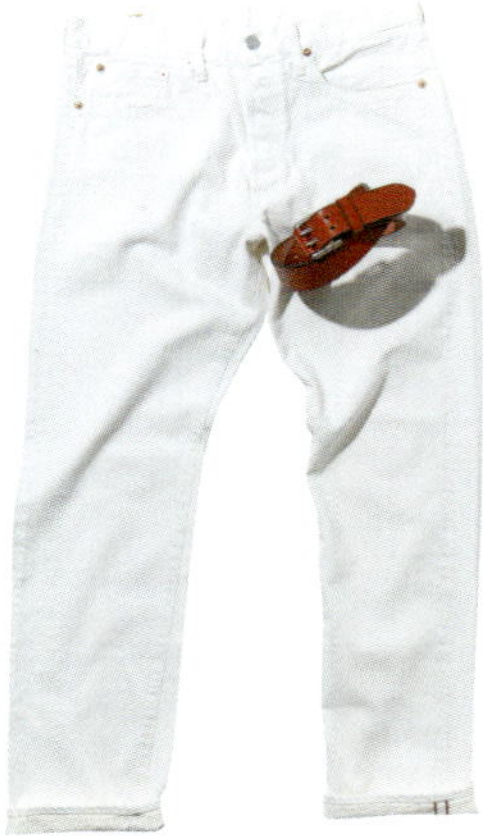

ジーンズ

白ジーンズなら、爽やかなオヤジスタイルも思いのままです。ジーンズ2万円／ハンドルームⒽ、ベルト1万7000円／マクロスティⒽ

コート

ラクーンの毛皮のゴージャスなダウンジャケット。オンオフ兼用できるパターンでオヤジの余裕を見せられます。コート9万8000円／ピレネックスⒺ

Gジャン

スッキリ系の大人Gジャンは、ジャケット代わりにいろいろ着まわせるアイテム。パーティでもいいヌケ感が出せますよ。Gジャン3万5000円／ハンドルームⒽ

ブーツ

全天候型のサイドゴアブーツは一年中大活躍。特に黒はドレス感がありパーティにも。ブーツ1万9000円／タッファⒽ、ソックス1300円／Pt.アルフレッドⒽ

冬のアジ出し オヤジスタイル

真冬のスポーツ観戦は防寒重視

ダッフルコートには マリンテイストなニットを ざっくり着ましょう

冬アウターの定番 ダッフルコート。 オヤジに似合う キャメルカラー

寒いスタジアムは アンダーパンツも 余裕で穿ける 太めのフラノパンツ

パンツの太さに 負けないように ボリュームのある ローファーを！

冬はフィールドスポーツが盛り上がる季節。ボクも昔はよく、千駄ヶ谷の国立競技場に通ったもんです。厚手のダッフルコートにカラフルなマフラーを合わせて、コーヒー等を飲みながら、熱い闘いを観戦しましょう。

コート6万9000円／グローバーオールⒽ、ニット4万2000円／アンデルセンアンデルセンⒽ、パンツ1万9000円／Pt.アルフレッドⒽ、マフラー2万円／コーギーⒽ、シューズ6万5000円／パラブーツⒽ、その他私物

まだある！　冬のおすすめアイテム

とにかく足元から冷えてくるので、靴には特に注意しましょう。ダッフルコート同様、クラシックな天然繊維がウォーミーなスタイルを完成させてくれます。

ジーンズ

細すぎず、太すぎず、オヤジをいい感じにしてくれるジーンズ。某有名日本人デザイナーの手によるオヤジ心を摑む逸品です。ジーンズ2万円／ハンドルームⒽ

シャツ

ネルシャツは、寒くなってきたらインナーにタートルを。また違った見え方で新鮮です。シャツ8500円／カムコⓀ、インナー5500円／ジチピⒽ

シューズ

ゴアテックスを使用した防水性の高い堅牢で軽量な登山靴。ソールパターンは本格的ですが、材料の配合で軽い仕上がり。シューズ4万8000円／ザンバランⒸ

コート

着れば着るほどアジが出るワックスコットンのハーフコート。フロントの留め具は手袋をしていても、開け閉め簡単です。コート3万9800円／キングスウッドⓀ

冬のアジ出し
オヤジスタイル

聖なる夜は オヤジもお洒落に

素材感抜群のシンプルコートは大人の落ち着いた装いに最適です

チノパンツもちょっと細身をスッキリ穿いてみせるのもアリ

タータンチェックのジャケットに白シャツ＆タイでドレス顔に

履きやすくて歩きやすいちょい懐かしいポストマンシューズ

ボクらオヤジ世代は、かつてクリスマスに気合いを入れてました。だってバブル経験者ですから。最近は少なくなってはいますが、洒落たパーティに呼ばれたら、タイドアップしながらもヌケ感のある洒脱な装いで、臨みましょう。

コート6万8000円、パンツ1万5000円／ともにPt.アルフレッド🅗、シャツ1万6000円／アイクベーハー🅗、タイ2万円／フランコ バッシ🅐、ベルト1万7000円／マクロスティ🅗、シューズ3万5000円／レッド・ウィング🅗、ソックス2800円／コーギー🅗

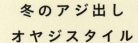

まだある！　冬のおすすめアイテム

年末はクリスマスをはじめ、忘年会など華やかな場面が増えてきます。カジュアルなパーティはちょい派手アイテムを取り入れて、思いきり楽しんじゃいましょう。

ブーツ

寒さが身にしみる年末は、ロングブーツが役に立ちます。シンプルデザインのローパーブーツは、履きやすさも抜群です。ブーツ2万円／アリアットⒹ

ジャケット

明るめなライダースジャケットは、余裕のあるオヤジこそ似合います。流行りで着ている感は微塵も見せません。ジャケット13万5000円／ジェームスグロースⒾ

パンツ

伝統的なタータン柄のパンツはクリスマス気分を盛り上げてくれます。パンツ2万円／Pt.アルフレッドⒽ、ベルト1万7000円／ホワイトハウスコックスⒺ

ニット

タートルネックは冬のニットの定番。オヤジくささをなくすには、キレイめで上質素材を選び、品のよさを出しましょう。ニット2万円／ジェームスシャルロットⒽ

冬のアジ出し
オヤジスタイル

気分も新たに一年をスタート

シンプルなミドル丈のダウンジャケットはフード付きで万全

厚手でシックなセーターにマフラーで差し色を！

ボリューム感のある太チノパンはアンダーパンツが合わせやすい

寒い外で並ぶときは足元はしっかりと厚底ブーツでガードしましょう！

新しい一年は初詣に出かけ、清らかな気持ちでスタートしたいもの。しかし日本のお正月はかなり寒いし、初詣の列に長時間並ぶなんてことも。防寒バッチリなダウンジャケットにチノパン＆ブーツで寒さ対策をお忘れなく！

ダウンジャケット8万6000円／ピレネックスⒺ、ニット4万2000円／アンデルセンアンデルセンⒽ、パンツ1万5000円／Pt.アルフレッドⒽ、ベルト9000円／アーノルドウイルスⒽ、ブーツ4万8000円／ザンバランⒸ、マフラー2万円、ソックス3300円／ともにコーギーⒽ

まだある！　冬のおすすめアイテム

初詣ということで少しあらたまって白シャツ、紺ジャケで決めたい。足元は暖かさ抜群のナイロンのガムシューで、完全装備しましょう。

シャツ

新年最初のイベントに清潔感を出すならば、紺ジャケットに白シャツは鉄板です。インナーには保温力の高いものを！　シャツ1万6000円／ハンドルームⒽ

ジャケット

初詣は居住まいを正して臨むという方は、裏なしのフラノの紺ジャケットを。カーディガン的だけど見た目はカッチリ。ジャケット4万5000円／Pt.アルフレッドⒽ

シューズ

ゴム底とナイロンを合体し、面ファスナー仕様にした通称ガムシューズ。中綿入りで暖か。シューズ9800円／タッファⒽ、ソックス1300円／Pt.アルフレッドⒽ

ニット

ヒラリー卿のエベレスト登頂が成功した1953年から作られているニット。極地で鍛えられた暖かさは他に類を見ません。ニット2万6000円／エベレストE-1Ⓗ

おわりに

歳を重ねれば環境や立場、そして自分自身の心と身体は、それなりに変化していくもの。自分では意識してなくても、そのときに着ている洋服を見て、周りは勝手に解釈したりします。

若い頃は根拠のない自信のもとに、お気に入りの洋服を自分なりに着ていれば、少しくらい変だったとしても、周りは「若いからしょうがない」の一言で済ませていました。でもオヤジになると「イイ歳してあのカッコ何!?」ってなことに。この本は、悩みが深まるばかりのオヤジ達、そしてその周りで何とかしてくれないと気持ちよく一緒に外出もできないって思っている方々のために「街の洋服屋」がまとめた参考書です。特に「そんなトコ気を遣っても変わりゃしないよ〜」とか「着れてりゃ何でもいいんだよ!」「人間、外見じゃ分からないんだよ!」って着るものに無頓着になってるオジさん方に読んでもらえればと思って書き連ねました。

この本はスラッとしたモデルさんが最新の服を着て、こんなの着るとカッコいいよ!という類のものではなく、メタボ体型のボクが堂々とモデルをしたり、国井さんやお客さんに登場してもらうなど、現実的で分かりやすいことを心がけました。洋服をカッコよく着るための教科書としてではなく、悩みをアジに変え、雰囲気あるオヤジになるための参考書として活用していただければ幸いです。

自分達オヤジ世代が少し変わっただけで、周りの若い人や女性達の目が変わり、その反応で洋服選びが楽しくなったりします。「自信は他人にもらうもの」って何かに書いてありました。他者の目は大事です。あのオジさん、何かイイね！って思わせればコッチのもの。行動範囲も広がり、毎日が素敵に過ごせます。

ボクは本屋さんが好きで、週3回は訪れます。最近ファッションコーナーでやたらと目につく、女子のスタイリング本。紳士コーナーでも、スタイリストさんやブロガーさんの書いた、カッコいい人がモデルとして登場している教科書的スタイル本が多く、何だか違和感がありました。長いこと洋服屋の店頭で年代も体型もさまざまな、沢山のお客さんにコーディネートを提案して、相談に乗ってきた自分としては、オヤジの悩みはそこじゃないんだよなぁって感じていました。そんなときにひょんなことからオヤジ向けのスタイリング本の企画が立ち上がり、アジ出しオヤジになるための参考書をテーマに始動、完成したのがこの本です。

関係者の皆々さまには、ボクの原稿が遅かったり、スタイリングに失敗したりと、いろいろご迷惑をおかけしながらもここまでたどり着けました。会社を設立して30年、業界歴40年という自分自身の節目の年にこの本を発刊できましたこと、誠に感謝いたします。

この本の制作にご尽力いただいたパウダーの皆さん、快くモデルにご協力いただいた国井さんやお客さん、企画ばかりかコラムまで書いてくれた、いでさん、そしてこの本の企画を実現してくれた世界文化社の服部さん。本当にありがとうございます。

そしてこの本を最後まで読んでくれた皆さん、服装で迷ったらぜひボクの店に来てください。迷えるオヤジ世代代表のボクと雑談でもしながら、自分らしい服選びを楽しみましょう。

Pt.アルフレッド

ボク、本江が店長を務めているセレクトショップです。定番のチノパンからシャツ、ニット、オーダースーツまで、オヤジ世代におすすめなアイテムをズラリと取り揃えています。ぜひ気軽にいらしてください。

住所：東京都渋谷区恵比寿西2-4-5 星ビル２階
電話：03-3477-7952
営業時間：12時～20時
定休日：火・水曜日

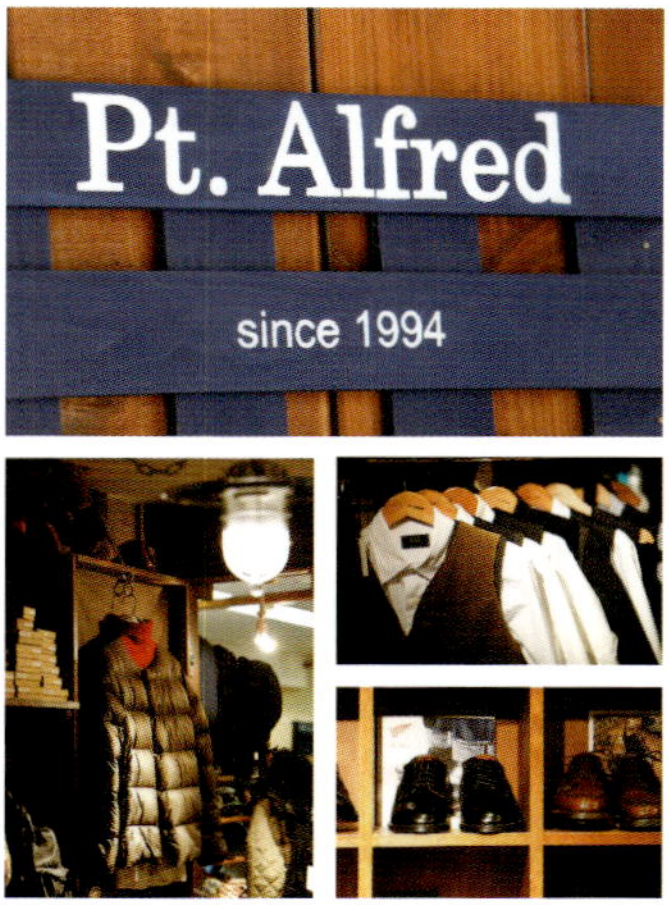

本書でご紹介したアイテムのお問い合わせ先

Ⓐ アイネックス　☎03-5728-1190
Ⓑ アウターリミッツ　☎03-5413-6957
Ⓒ キャラバン　☎03-3944-2331
Ⓓ グランドフリート　☎03-6260-9748
Ⓔ グリフィンインターナショナル　☎03-5754-3561
Ⓕ コンティニュエ　☎03-3792-8978
Ⓖ GMT　☎03-5453-0033
Ⓗ Pt.アルフレッド　☎03-3477-7952
Ⓘ グリニッジ ショールーム　☎03-5774-1662
Ⓙ フォーチュンチージャパン　☎03-5708-5831
Ⓚ メイン　☎03-3264-3738
Ⓛ リーミルズエージェンシー　☎03-5784-1238
Ⓜ RayLine&Co.　☎03-5768-4266

※本書に掲載されている情報や商品等の価格は、原則として本体価格であり、2018年3月31日現在のものです。最新の価格はお問い合わせください。

［著者］
本江浩二　Pt.アルフレッド店長

東京・恵比寿で洋服屋「Pt.アルフレッド」を経営する57歳。富山県高岡市出身。40年以上、洋服の世界に携わり、日本の男性ファッションの移り変わりを体感。新聞のコラムや雑誌でのコメント等の執筆のほか、2012年4月から2017年3月に放映されたNHK Eテレ『団塊スタイル』では、司会の国井雅比古さんのスタイリングを担当。オヤジ世代の洋服に関する深い見識の持ち主。

オヤジの着こなしルール

発行日　2018年4月25日　初版第1刷発行
　　　　2019年12月10日　第2刷発行

著者　本江浩二
発行者　竹間 勉
発行　株式会社世界文化社
住所　〒102-8187
東京都千代田区九段北4-2-29
電話番号　03-3262-5118（編集部）
03-3262-5115（販売部）

印刷・製本　凸版印刷株式会社

ISBN978-4-418-18213-8

Staff

ブックデザイン／
今井千恵子（株式会社 Róndine）
濱崎美穂（株式会社 Róndine）
大田幸奈（株式会社 Róndine）
撮影／武蔵俊介（株式会社世界文化社）
ヘア／生井澤 勉（B.I.G.S）
イラスト／大塚 克
SPECIAL THANKS ／いであつし
撮影協力／株式会社アイネックス
校正／安藤 栄（株式会社世界文化社）
髙橋知冬（株式会社オフィス福永）
川崎葉子（株式会社オフィス福永）
DTP製作／株式会社明昌堂
編集／奥山泰広（株式会社 POW-DER）
編集部／
服部梨絵子（株式会社世界文化社）